Aurore Widmer

Vivre avec la lune,

C'est la vie !

FIRST
ÉDITIONS

ISBN : 978-2-412-03732-4
Dépôt légal : juin 2018
Imprimé en France

Couverture : Camille Baudoin
Correction : Laurence Granier
Mise en pages : Capucine Deslouis
Illustrations : © iStock

Éditions First, un département d'Edi8
12, avenue d'Italie
75013 Paris – France
Tel. : 01 44 16 09 00
Fax : 01 44 16 09 01
Email : firstinfo@efirst.com
Site internet : www.editionsfirst.fr

Sommaire

Introduction

La lune fascine les Hommes depuis des millénaires par sa beauté et ses cycles infinis dans le ciel. Parfois ronde et parfois absente, elle symbolise l'impermanence et les mouvements de la vie dans une danse perpétuelle. Reliée à l'inconscient, au féminin, aux émotions et à la nature inconstante de la vie, elle est un guide puissant pour nous permettre de revenir à nous. Nous qui sommes parfois déconnectés de notre vraie nature cyclique, elle-même perdue dans un quotidien effréné, sans repère ni cadre auxquels se rattacher.

La Lune est également un astre présent dans notre thème de naissance, qu'il est possible d'aborder et de comprendre afin de mieux cerner nos propres mécanismes de fonctionnement. Opposée au Soleil, elle apporte des aspects supplémentaires de notre psyché, elle met en lumière la face subtile et inavouée de notre personnalité, dissimulée au reste du monde mais néanmoins grande source de nos compétences cachées.

Au-delà de ses lunaisons cycliques, la Lune traverse quotidiennement les 12 signes du zodiaque, que nous connaissons par l'astrologie classique. Mais ces signes et leurs significations peuvent nous apporter bien plus qu'une simple supposition divinatoire parfois mal éclairée. Les mouvements lunaires viennent nous rencontrer chaque jour et atteignent leur apogée lors de la nouvelle et de la pleine lune, symboles de renouveau et de nettoyage intérieur.

Impossible également de parler de lune et de cycles sans aborder le cycle féminin, menstruel, profondément connecté et relié aux mouvements lunaires depuis toujours. Quatre phases lunaires principales, comme les quatre phases du cycle, la lune permet alors aux femmes de comprendre leur nature impermanente et changeante. Intégrer ce lien profond leur permet de vivre au rythme des saisons, de la nature et non plus déconnectées de leurs émotions et sensations.

Dans la dernière partie de ce livre, vous serez également guidé à travers de nombreux rituels adaptés à votre quotidien, afin d'utiliser le plein potentiel de la lune et de ses pouvoirs guérisseurs et transformateurs. Vous réaliserez à quel point il est bénéfique de prendre du temps pour vous, de revenir à l'essentiel et d'être en mesure de manifester les merveilles que vous souhaitez voir apparaître dans votre vie.

Une fois que la lune sera entrée dans votre routine, vous ne pourrez plus vivre sans regarder le ciel. Lorsque la lumière décline, que le Soleil laisse sa place à l'obscurité et à la magie…

« La rêverie est le clair de lune de la pensée. »

Jules Renard

Pourquoi vivre avec les cycles de la lune ?

Un peu de science et d'histoire

Afin de comprendre et d'appréhender la lune et ses cycles dans son ensemble, il est important de connaître quelques notions théoriques la concernant.

La lune, notre satellite naturel

Tout d'abord, la Lune se trouve à plus de 384 000 kilomètres de la Terre et possède un diamètre de 3474 kilomètres. Elle est le cinquième plus grand satellite du système solaire. Son âge est estimé à 4,527 milliards d'années, à peu près le même que celui de la Terre. Concernant sa trajectoire, la Lune tourne autour de la Terre, ce qui en fait donc son satellite principal, et la Terre tourne autour du Soleil.

La Lune parcourt une orbite elliptique autour du centre de la Terre, qui lui-même tourne autour du Soleil. La période de rotation de la Lune est la même que sa période orbitale, ce satellite nous présente donc toujours le même hémisphère, sa « face visible ». Actuellement, les effets de marée de la Lune sur la Terre ralentissent la rotation de cette dernière et provoquent un léger éloignement des deux astres d'environ 3,78 cm par année. Du fait de cet éloignement et de ce ralentissement, la durée du jour terrestre augmente de 15 microsecondes chaque année. La Lune, à sa naissance, orbitait à une distance deux fois moindre qu'aujourd'hui, et la Terre tournait alors sur elle-même en 6 heures.

En raison de sa rotation, la Lune présente toujours quasiment la même partie de sa surface vue de la Terre, sa face visible, mais la moitié de la sphère éclairée par le Soleil varie au cours des 29,5 jours d'un cycle, et la portion de sa face visible illuminée également. Ce phénomène donne naissance aux « phases lunaires », qui se succèdent au cours d'un cycle appelé « lunaison ».

Il a fallu 11 missions aux astronautes de la navette spatiale Apollo en 1969, 5 missions supplémentaires consécutives, et 3 jours de voyage pour atteindre la Lune. Les astronautes les plus célèbres à avoir foulé son sol en premier sont Neil Armstrong, que l'on ne présente plus, et Buzz Aldrin, pilote du premier vaisseau habité à se poser sur la Lune. La NASA a ensuite réussi à trouver un chemin plus rapide et a permis l'accès à la Lune en seulement 9 heures.

La théorie scientifique la plus soutenue démontrerait que la Lune s'est formée grâce à des débris lancés en orbite lorsque la planète Terre entra en collision avec une autre planète, d'une taille similaire à Mars. De nombreuses suppositions ont été faites au cours des derniers millénaires, et il n'est pas possible aujourd'hui d'avoir une certitude exacte sur la nature de sa création.

Lune et astrologie

Sur le plan astrologique, la Lune met en moyenne 30 jours pour se déplacer dans les 12 signes du zodiaque, passant 2 à 3 jours dans chacun d'eux (voir le schéma page 82). Le Soleil, lui, met une année pour en faire le tour et passe un mois dans chaque signe.

Le zodiaque correspond à la rotation orbitale, à l'année terrestre, à la révolution solaire, il s'étend sur une zone circulaire de 360° et est divisé en 12 secteurs de taille identique (30°), chacun représentant un signe, enveloppant ainsi la terre. Lorsque l'on affirme « Je suis Bélier », cela signifie que le Soleil occupait le secteur du Bélier au moment de la naissance. Nous parlons alors de l'énergie solaire. En constatant également les positions des planètes et de la lune à cette date clé, il est possible d'établir le thème astral d'une personne.

Le terme « lunaison » est employé pour parler des différentes étapes lunaires telles que les nouvelles et pleines lunes. Nous pouvons donc savoir dans quel signe astrologique aura lieu la prochaine lunaison de pleine lune.

En astrologie et dans les symboliques ancestrales, la lune est associée aux émotions et à la sensibilité, à la nourriture physique et spirituelle, au foyer, aux instincts, à la maternité, aux besoins, aux cycles de la vie, à la féminité et à la réceptivité, au passé, aux racines, à la sécurité et à l'inconscient.

Comprendre son fonctionnement scientifique vous permet donc de la connaître davantage et de mieux savoir comment ce satellite évolue dans le cosmos. Être capable de définir sa nature et ses rythmes vous offre donc ainsi la possibilité de vous relier plus facilement à sa nature cyclique et aux messages qu'elle peut vous transmettre.

Se reconnecter à la lune a de nombreux bénéfices

Afin de vivre en harmonie avec la lune, il est intéressant de comprendre les pouvoirs inconscients que cette dernière peut apporter à notre vie. Malgré le peu de « preuves » scientifiques publiées sur son impact et ses symboliques, il est pourtant inscrit dans de très nombreuses traditions ancestrales remontant aux premiers peuples qu'il est puissant de formuler ses intentions et demandes lors de la nouvelle lune, tout comme de se débarrasser du superflu et de pardonner lors de la pleine lune.

Vous pouvez également découvrir la magie des signes du zodiaque, leurs énergies et leurs influences lorsque la Lune se trouve dans ces derniers. Une pleine lune dans le signe du Bélier n'aura pas du tout la même énergie que dans le signe du Verseau par exemple. Vous apprendrez à jongler avec leurs forces et vous vous prendrez très rapidement au jeu, impatient de découvrir ce que la prochaine lunaison vous apportera.

La lune sera un outil merveilleux dans l'accompagnement de votre développement personnel et spirituel, tel un précieux rappel que tout ce qui se passe dans votre vie est bien plus vaste que vous ne pouvez le penser. Observer la Lune mois après mois, année après année, vous permettra de vous connecter aux rythmes et aux cycles de la vie. Cela vous aidera à vous rappeler que nous faisons partie intégrante de quelque chose de plus grand, que nous ne sommes pas simplement des personnes ballottées entre leur travail et leur foyer, en compétition avec le reste du monde pour obtenir un meilleur salaire ou une maison plus spacieuse.

Lorsque vous vous reconnectez avec la lune, vous vous reliez également aux cycles de la vie, de la nature et du cosmos. Ce lien est souvent négligé par notre rythme de vie et notre difficulté à vivre à l'extérieur, notamment dans les grandes villes où nous passons plus de temps enfermés, à être sur notre Smartphone, plutôt que dans une forêt à écouter les bruits du vent dans les arbres et le chant des oiseaux. La lune est un remède naturel afin de nous rappeler ce qui est vraiment important dans notre vie.

Vous pouvez vous connecter à cette dernière où que vous soyez, à l'extérieur dans un parc, en pleine nature, ou bien simplement de votre fenêtre dans votre appartement urbain. La lune ne nous quitte pas, elle est toujours là. Nous avons donc peu d'excuses pour ne pas prendre le temps de ralentir et de nous connecter à elle afin d'en saisir les messages essentiels.

Se connecter aux cycles lunaires est une bonne habitude à prendre et à mettre en place. En posant vos intentions lors de la nouvelle lune, vous pourrez identifier et manifester vos rêves. Puis, en abandonnant ce dont vous n'avez plus besoin et en pardonnant lors de la pleine lune, vous pourrez avancer plus sereinement lors de la prochaine étape de votre cheminement personnel, tout en vous sentant plus léger. Ce sont des processus simples en soi, mais que l'on a souvent tendance à laisser de côté !

L'influence de la lune

De nombreux historiens pensent que l'observation de la Lune a débuté lorsque nos ancêtres avaient ce besoin constant de se connecter aux lunaisons afin de connaître les cycles des saisons et de s'y relier pour la chasse, la cueillette, la météo, etc.

Les astronomes ont ensuite continué à observer le ciel afin d'en comprendre ses mystères et d'en tirer de nombreux enseignements. Il semblerait, selon certains archéologues, que nous observons les cycles de la lune depuis plus de 25 000 ans.

Il est très difficile de donner des faits scientifiques ou médicaux concernant les effets de la lune sur notre personnalité, nos émotions et même sur certains de nos états physiques. Comme nous l'avons expliqué précédemment, d'un point de vue astrologique, la lune est associée aux émotions. Il est donc symboliquement logique que lorsqu'elle devient de plus en plus visible, nos sentiments le deviennent également.

Les marées

Le mouvement de la Lune autour de la Terre induit un effet gravitationnel sur les eaux qui constituent les océans et les mers, provoquant une hausse du niveau de l'eau à la surface de la Terre et ainsi les marées. Lors des différentes phases de la Lune, la force de marée influence également l'atmosphère et participe ainsi légèrement aux phénomènes de surpression et de dépression, ce qui peut alors avoir un léger impact sur notre climat.

Certaines analyses scientifiques tentent de démontrer l'impact de la lune sur notre organisme. Étant composés d'eau à 60 % en moyenne, il semble logique que nous soyons nous aussi affectés par ses mouvements. De nombreuses études ont alors démontré des agitations au niveau du sommeil et des émotions pendant les phases de pleine lune, point culminant de l'énergie et de son influence.

C'est certainement pour cette raison que certains hôpitaux enregistrent davantage de personnes aux urgences les soirs de pleine lune, les lignes d'assistance téléphonique voient également leur nombre d'appels multiplié, et nombre d'entre nous ont également des difficultés à fermer l'œil lorsque cette dernière est ronde dans le ciel.

Jardiner avec la lune

Les agriculteurs et paysans du Moyen Âge ont toujours observé et intégré les lunaisons dans leur façon de planter, entretenir et récolter les moissons. Il y a un lien évident entre le jardinage et la lune, car les plantes et autres végétaux sont influencés par le cycle lunaire depuis des millénaires. Si vous souhaitez, vous aussi, vous lancer dans le jardinage en connexion avec elle, voici quelques conseils à mettre en application.

Lorsque la lune est montante ou ascendante, c'est le moment idéal pour vous occuper de vos plants, car ils résisteront mieux aux maladies et aux parasites. C'est donc une phase pour semer, car la germination est plus facile, pour récolter, car il y aura davantage de sucres, minéraux et vitamines et pour greffer, car la cicatrisation sera plus rapide.

En lune descendante ou décroissante, ce sera le bon moment pour travailler la terre. Sous l'effet de l'attraction alors plus faible de notre satellite, la sève des végétaux se dirige plus souvent au niveau des racines et fortifie ainsi l'enracinement. Il sera donc bon de fertiliser pour profiter d'un sol plus riche, de planter, car il y aura de meilleures intégrations dans le sol, et de tailler.

Vous pouvez également prendre en compte les signes astrologiques : quand la Lune se trouve dans les signes du Bélier, du Lion ou du Sagittaire, c'est le moment de s'occuper de vos fruits et de vos graines dans votre verger ou potager. Dans les signes du Cancer, des Poissons et du Scorpion, il est idéal de prendre soin des légumes feuilles, des arbustes et des arbres à feuillage ornemental. Au potager, plantez des salades, des épinards ou encore des poireaux. Lorsqu'elle se trouve dans les constellations des Gémeaux, de la Balance et du Verseau, soignez vos plantes cultivées pour leurs fleurs comme les artichauts, les choux-fleurs ou encore les brocolis. Pour les signes de Terre, ceux-ci ne sont pas pris en compte, car ils sont toujours en lien avec votre jardinage, quoiqu'il arrive !

Les signes astrologiques en un clin d'œil

Afin d'appréhender les mouvements lunaires et leur impact au niveau astrologique, il est intéressant que vous compreniez les « caractères » de chacun des signes. Cela vous permettra de mieux vous familiariser avec leur personnalité et ainsi de savoir les conséquences de la présence de la Lune dans tel ou tel signe.

Les quatre éléments

Les signes astrologiques sont répartis en quatre catégories énergétiques, en fonction de l'élément par lequel ils sont gouvernés. Les signes de Feu apportent de la vitalité, de l'excitation et de l'intensité : Bélier, Lion et Sagittaire. Les signes de Terre apportent de la stabilité, du bon sens et une aptitude à faire avancer les choses : Taureau, Vierge et Capricorne. Les signes d'Air animent l'intellect et augmentent la sociabilité : Gémeaux, Balance et Verseau. Enfin les signes d'Eau concernent les émotions et l'intuition : Cancer, Scorpion et Poissons.

Les polarités

Les signes sont également divisés en polarités : les signes Yang (Bélier, Taureau, Gémeaux, Cancer, Lion et Vierge) sont plutôt extravertis, objectifs et assurés, tandis que les signes Yin (Balance, Scorpion, Sagittaire, Capricorne, Verseau et Poissons) sont plutôt introvertis, subjectifs et réceptifs.

Les trois modes

Les signes sont également régis par trois modes permettant le changement et la circulation énergétique des fluides dans chaque changement. Les signes cardinaux sont entreprenants, initient le changement et font avancer les choses : Bélier, Cancer, Balance et Capricorne. Les signes fixes consolident, préservent et renforcent le changement : Taureau, Lion, Scorpion et Verseau. Enfin les signes mutables permettent la souplesse, l'adaptation et l'ajustement : Gémeaux, Vierge, Sagittaire et Poissons.

Vous pouvez dorénavant appréhender avec plus de facilité les différentes énergies des signes, faire des liens avec votre propre thème astral, ou du moins avec votre signe principal et votre ascendant. Connaître les signes astrologiques vous permettra de comprendre plus facilement le transit de la Lune dans chacun d'eux et ainsi d'aborder de manière plus sereine les énergies en place au fil des différentes lunaisons.

Les caractères des signes astrologiques

S'intéresser aux signes astrologiques et comprendre leurs énergies permet d'aborder les lunaisons avec plus de simplicité. Selon notre signe solaire principal, signe dans lequel se trouvait le soleil lors de notre naissance, nous avons tous des qualités et des « défauts » qui nous caractérisent. En cela, une pleine lune possèdera également son caractère propre, dans le signe du Bélier par exemple, elle impliquera, elle aussi, des bénéfices et des défis, elle apportera de la lumière mais également ses parts d'ombre lors de son passage dans ce signe.

- **Le Bélier**, signe de Feu, est maîtrisé par la planète Mars, et sa phrase clé est « Je suis ». Il apporte beaucoup d'énergie, mais peut être impétueux. Il impulse un mouvement dynamique, de la franchise et des initiatives. C'est le signe des commencements.

Néanmoins, il peut également entraîner un certain égocentrisme, un manque de tact et parfois de la colère.

- **Le Taureau**, signe de Terre, est maîtrisé par la planète Vénus, et sa phrase clé est « Je construis ». Il apporte de la sensibilité, de la fiabilité et le sens des responsabilités. Il permet la productivité, mais peut aussi parfois être obstiné ou mettre très longtemps avant de déployer ses énergies dans la matière.

- **Les Gémeaux**, signe d'Air, sont gouvernés par la planète Mercure, et leur phrase clé est « Je pense ». Leurs énergies concernent l'agilité, l'expression, la curiosité et le changement. Ils apportent également une grande sociabilité et une facilité à créer des liens. D'un autre côté, les influences peuvent être dispersées, inconstantes et entraîner de nombreux questionnements.

- **Le Cancer**, signe d'Eau, est gouverné par la lune (oui, quel privilège !), et sa phrase clé est « Je ressens ». Les énergies sont définitivement celles des émotions, du foyer et des relations. Elles apportent un grand besoin de se connecter aux autres, de ressentir et de se laisser emporter par ses rêves. Le penchant négatif de ce signe est sa tendance à se protéger à l'extrême, sa susceptibilité et de grands sentiments d'insécurité.

- **Le Lion**, signe de Feu, est maîtrisé par le Soleil, et sa phrase clé est « Je m'affirme ». Ses influences apportent de l'extraversion et de la chaleur, de la générosité, une capacité à rayonner et à prendre sa place. Le versant sombre du Lion réside dans son ego et son orgueil qu'il peut parfois avoir du mal à maîtriser.

- **La Vierge**, signe de Terre, est gouvernée par Mercure, et sa phrase clé est « J'analyse ». Elle possède de grandes capacités intellectuelles, de réflexion, d'analyse et apporte de l'ordre et de la maîtrise dans toutes choses. À trop vouloir bien faire, elle peut entraîner des influences d'hyper perfectionnisme et de contrôle à l'extrême, pouvant mener à une rigidité ou à de la culpabilité.

- **La Balance**, signe d'Air, est gouvernée par Vénus, et sa phrase clé est « J'équilibre ». Elle offre des influences sociables et affectives, mais également de justice et de diplomatie. Ses énergies de beauté et d'harmonie peuvent néanmoins entraîner un sentiment de frustration, un idéalisme inassouvi ainsi qu'une difficulté à faire des choix.

- **Le Scorpion**, signe d'Eau, est gouverné par Pluton, et sa phrase clé est « Je désire ». Il possède des énergies intenses, de la magie et un certain attrait pour les extrêmes. Signe de transformation, il se renouvelle sans cesse. Néanmoins, cette intensité peut parfois entraîner des difficultés à gérer l'émotionnel et des sentiments de mal-être profonds, souvent inconscients.

- **Le Sagittaire**, signe de Feu, est maîtrisé par Jupiter, et sa phrase clé est « Je vois ». Il porte des énergies indépendantes, honnêtes et aventurières. Il invite à la liberté, l'indépendance et à l'exploration de soi et du monde. À l'extrême, il peut manquer de tact et se laisser dominer par son ego lui faisant croire qu'il possède la seule vérité face au reste du monde.

- **Le Capricorne**, signe de Terre, est gouverné par la planète Saturne, et sa phrase clé est « J'utilise ». Il apporte des énergies responsables, organisées et structurées. Avec lui, difficile de sortir du cadre et de ne pas suivre les règles. Tourné vers ses objectifs, il peut entraîner des influences rigides et parfois trop figées.

- **Le Verseau**, signe d'Air, est gouverné par la planète Uranus, et sa phrase clé est « Je sais ». Il apporte des énergies d'originalité, d'altruisme, humanistes et visionnaires. Il est entendu que nous sommes entrés dans l'ère du Verseau depuis quelques années, avec un éveil au monde et aux plans subtils plus important qu'auparavant. À trop vouloir changer le monde, son influence peut parfois entraîner des forces rebelles et intenses.

- **Les Poissons**, signe d'Eau, sont maîtrisés par la planète Neptune, et leur phrase clé est « Je crois ». Ils sont symbole de rêves, d'imagination, de poésie et de créativité. Ils apportent une grande sensibilité qui peut parfois être difficile à maîtriser et à incarner dans la réalité. Leur défi est donc de ne pas tomber dans l'irréalisme et la frustration permanente.

Amusez-vous maintenant à comprendre les différentes lunaisons lorsque vous observez que la Lune se trouve dans l'un de ces signes. Au fil de vos observations, vous serez en mesure de faire des liens et de ressentir l'impact de leurs énergies dans votre quotidien.

Comprendre le cycle lunaire

Le mois lunaire et son fonctionnement

Malgré le fait que son apparence semble se transformer au fil des jours, la Lune ne change pas. Sa position par rapport au Soleil et à la Terre implique sa « rotation » et ce que nous pouvons percevoir d'elle. La Lune tourne autour de la Terre et la Terre tourne autour du Soleil. Il s'agit donc de la lumière reflétée sur elle que nous pouvons voir augmenter ou diminuer.

Nous pouvons relier ses mouvements aux concepts de Yin et de Yang dans la philosophie chinoise ou taoïste. La nouvelle lune possède des énergies Yin, plus féminines, douces et apaisées. La pleine lune, elle, possède des influences plus Yang, puissantes et dynamiques.

De nombreux astrologues se sont penchés sur le sujet au fil des années. Dane Rudhyar, en 1967, a écrit le livre *The Lunation Cycle: A Key to the Understanding of Personality*, l'un des premiers livres les plus célèbres et importants dans le domaine de l'astrologie. Il nous a permis de comprendre l'influence du Soleil et de la Lune dans notre thème astral, ainsi que lors des différents transits des planètes.

Se pencher sur l'astrologie est une étape fastidieuse qui nécessite un apprentissage constant. Le plus intéressant est d'en extraire les bases, de comprendre les signes et leurs influences, afin de se faire sa propre interprétation et d'apprivoiser la lune à son rythme, grâce à ses expériences personnelles.

La nouvelle lune : planter les graines pour vivre ses rêves

Cette phase entame le cycle lunaire. Le Soleil et la Lune s'alignent et se fondent, car ils forment une conjonction dans le ciel, ce qui ne permet pas d'illuminer la surface lunaire. Elle est alors invisible à nos yeux.

La nouvelle lune représente la possibilité de repartir de zéro, le potentiel neuf et les rêves. C'est la partie la plus excitante du cycle lunaire, car tout est désormais possible ! Cette phase peut amener des énergies de calme et d'introspection, mais c'est également le moment parfait pour planifier, prendre du temps pour se recentrer sur soi et ressentir une certaine gratitude.

Il s'agit d'un temps de profonde inspiration où l'inconscient peut se manifester, mais c'est à nous de décider ce que nous souhaitons matérialiser. C'est le moment idéal pour méditer sur nos rêves, sur des choses positives et inspirantes, et non pas sur ce que nous ne souhaitons plus. Il sera important de vous reconnecter à vous-même, à travers le massage ou un bain chaud par exemple, tout ce qui vous permettra de vous rappeler que vous êtes vivant dans votre corps.

Si vous n'avez pas l'habitude de manifester vos intentions, c'est une raison supplémentaire pour prendre du temps pour vous, pour dessiner ou pour écrire. Manifester sur le papier ce qui se passe en vous vous permettra de vous reconnecter avec vos aspirations plus facilement. Lire vos intentions et objectifs à haute voix permettra également d'amplifier leurs pouvoirs réalisateurs.

Le premier croissant : explorer ses rêves

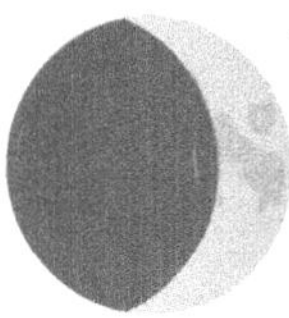

La Lune se décale petit à petit et n'est plus cachée par la Terre, elle redevient peu à peu plus visible dans le ciel, laissant apparaître sa partie droite de plus en plus lumineuse.

Cette phase se situe au milieu du 3e jour et s'étend jusqu'au 7e jour après la nouvelle lune. Elle représente le courage, le cheminement devant soi et la foi (nous ne parlons pas ici de foi religieuse). C'est le moment idéal pour permettre à vos rêves de prendre racine, après s'être manifesté dans la phase invisible du ciel, ils peuvent maintenant éclore telles des fleurs.

Continuez à penser à ce que vous souhaitez et observez autour de vous les signes que la vie vous envoie. Prenez le temps, lorsque vous ressentez votre énergie moins puissante, de reprendre la liste de vos intentions et de vous concentrer dessus.

C'est une phase où il est important de maintenir le cap, gardez la foi dans vos réalisations personnelles et manifestez le courage qui se trouve en vous. Si vous sentez des peurs surgir en vous, tentez de prendre le contre-pied immédiatement en visualisant vos objectifs comme s'ils se matérialisaient déjà.

Le premier quartier : le temps de l'engagement

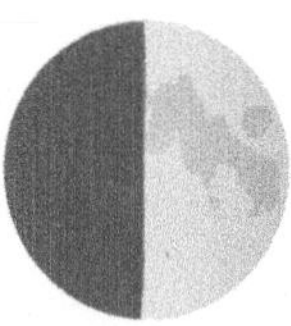

La Lune forme un angle de 90° avec le Soleil, ce qui illumine la moitié de sa surface droite pour nos yeux, apparaissant alors sous forme de demi-cercle.

Cette phase se situe du 7e jour au milieu du 10e jour après la nouvelle lune. Elle invite aux challenges, aux confidences et à l'engagement. Lors de cette phase se manifestent souvent des doutes. Il peut alors être intéressant de regarder en soi afin de comprendre si nos aspirations sont toujours alignées avec nos valeurs et avec ce que nous sommes.

L'ego peut également se manifester mais, si vous sentez que ce que vous avez enclenché sonne juste en vous, alors ne vous laissez surtout pas distraire par votre mental. La Lune, se trouvant en angle parfait avec le Soleil, peut également entraîner certains conflits internes ou situations dans lesquels vous serez appelé à manifester votre pouvoir personnel.

Ce n'est donc pas le moment pour vous d'oublier, maintenez toujours le cap sur vos ambitions et tentez de conserver les valeurs et les motivations que vous avez implantées ces derniers jours.

La lune gibbeuse : rester sur son chemin

La Lune apparaît de plus en plus pleine, se situant de 90 à 180° par rapport au Soleil.

Cette phase se situe du milieu du 10e jour au 15e jour du cycle lunaire. Elle représente l'ajustement, le foyer et les adaptations. Dernière étape avant la pleine lune, cela peut commencer à remuer. Restez ouvert aux enseignements de la vie.

Si vous sentez que vous devez faire des ajustements dans votre vie afin que cela résonne plus juste en vous, faites-les.

C'est une période idéale pour revoir vos plans, prenez le temps de vous questionner sur vos objectifs et vos prochaines réalisations, afin de savoir ce qu'il se passe en vous. Si vous sentez que vous ne vibrez plus de la même façon qu'au début du processus, c'est peut-être que vous avez appris ce que vous deviez apprendre.

Il sera important de ne pas être dans l'impatience pendant cette phase, et il pourra être bénéfique de renouer avec des routines saines que vous aviez intégrées à votre vie puis abandonnées par manque de temps ou de motivation. Vous pouvez y revenir !

La pleine lune : ça passe ou ça casse !

Le Soleil et la Lune sont opposés dans le ciel, soit à 180° l'un de l'autre. La Lune reflète ainsi toute la lumière du Soleil. Elle apparaît ronde et entière dans le ciel avec une grande puissance lumineuse.

Elle se situe entre le 15e jour et le milieu du 18e jour dans le cycle lunaire. Elle est symbole de résultats, de pardon et de gratitude. Point culminant de la lunaison, les choses deviennent évidentes, et nous sommes capables de nous fier à notre instinct. Les intentions peuvent se matérialiser à ce moment-là ou nous envoyer des signes très puissants concernant la marche à suivre.

Si vous êtes de nature sensible, vous pourrez vous sentir davantage impacté par les énergies et éventuellement anxieux. La raison à cela ? Votre être profond sait ce que vous êtes maintenant capable de manifester et, si vous ne le faites pas, vous pourriez exprimer des pensées ou des émotions plus compliquées à gérer.

Utilisez cette phase pour lâcher prise et abandonner vos fardeaux. Si certaines choses n'ont pas fonctionné, c'est le moment idéal pour remercier vos échecs pour leurs enseignements et d'être dans la gratitude pour tout ce que la vie vous apporte.

Le pardon et la gratitude sont des notions très importantes lors de la pleine lune, elles sont nécessaires afin de contrebalancer les énergies en place qui peuvent parfois venir remuer d'anciennes blessures, des schémas de notre ego qui ne nous servent pas ou encore des pensées irrationnelles basées sur des sentiments de peur. Fiez-vous à votre boussole intérieure et traversez ce que vous avez à traverser dans l'amour et la bienveillance envers vous-même.

La lune disséminatrice : respirer un grand coup !

La Lune devient de moins en moins ronde et laisse place à l'obscurité. Sa partie gauche devient de moins en moins visible dans le ciel.

Elle se situe du milieu du 3e jour au 7e jour après la pleine lune. Ces mots clés sont la relaxation, l'acceptation et le recentrage. Après l'intensité de la pleine lune et de tout ce que vous avez traversé, vous pourriez ressentir le besoin de prendre un petit peu de recul et de vous reposer.

Ce n'est plus le moment de vous lancer dans de nouveaux projets, mais plutôt de vous reposer et de vous régénérer. Il sera également intéressant de partager vos ressentis avec vos amis, de confier vos questionnements et vos doutes. Qu'avez-vous appris et que pouvez-vous transmettre à votre tour ? La sagesse acquise lors de ce début de cycle sera la bienvenue, afin que vous puissiez évoluer ensemble.

La Lune commence son chemin inverse, il est maintenant venu le moment de lâcher prise, d'observer ce qui se passe en vous et de constater où vous en êtes. Si vous avez tenu vos engagements lors des premiers jours de lunaison, vous avez bien mérité d'entrer dans une attitude de résilience et de désengagement.

Le dernier quartier de lune : que savez-vous vraiment ?

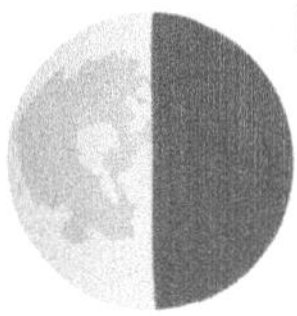

La Lune forme un angle de 90° ou un carré avec le Soleil de l'autre côté. Vue de la Terre, la moitié de sa surface gauche est illuminée, apparaissant alors sous forme de demi-cercle.

Cette phase se situe du 7e jour au milieu du 10e jour après la pleine lune. Elle requiert des énergies de réévaluation, d'équilibre et de confiance. Cette lunaison peut sembler étrange, à mi-chemin entre le lâcher-prise de la pleine lune et les nouvelles intentions de la nouvelle lune. Il peut également y avoir de nouveau des tensions entre la rêveuse lune et l'ego du soleil qui se trouve alors en position angulaire parfaite avec celle-ci.

Nous pouvons ne pas avoir envie de lâcher ce que nous souhaitions lors de la lune précédente, et pourtant il faut faire de la place pour la prochaine lunaison qui se prépare. Si des conflits se présentent en vous, écoutez leurs messages et tentez d'y répondre.

C'est le moment de regarder le chemin parcouru, de vous féliciter, de noter les enseignements reçus et de comprendre que chaque expérience vécue a été bénéfique à un certain niveau. Enfin, cette phase vous invite à vous détacher de vos addictions, de vos croyances limitantes et de vos schémas destructeurs.

La lune balsamique : lâcher prise et accepter

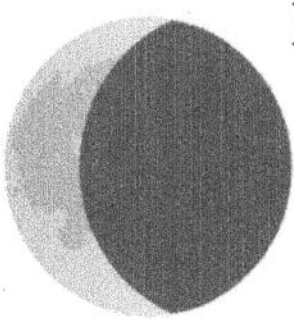

La Lune se décale petit à petit et devient de moins en moins visible dans le ciel, laissant apparaître sa partie gauche dont l'intensité lumineuse diminue peu à peu.

Cette phase se situe du 10e jour après la pleine lune jusqu'à la nouvelle lune. Elle représente la guérison, la tendresse et la résilience. Le terme *balsam* désigne « tout ce qui est apaisant et guérisseur ». Après avoir intégré ce qui était possible au sein de nos manifestations et intentions lors de ce cycle qui se termine, après avoir accepté ce qui devait être modifié puis après avoir intégré ce qui ne devait plus être, vient enfin le temps de la guérison.

Ce temps est important pour se donner de la douceur, afin de préparer le terreau qui servira à planter de nouvelles graines lors de la prochaine nouvelle lune. C'est le moment de vous reposer, de rêver, de vous laisser porter par vos inspirations et vos envies. Profitez-en !

Lune montante ou descendante

La lune croissante, montante ou ascendante correspond aux phases lunaires de la nouvelle lune à la pleine lune. À l'inverse, la lune décroissante ou descendante, correspond aux phases lunaires de la pleine lune à la nouvelle lune.

Quelques phénomènes astrologiques à connaître

Les éclipses

Il y a deux sortes d'éclipses, l'éclipse lunaire et l'éclipse solaire. Nous connaissons souvent la seconde, très appréciée et célébrée grâce aux lunettes noires que tout le monde porte lors de l'événement. Elles se produisent en général deux fois par an et peuvent aussi constituer un trio : deux éclipses lunaires et une solaire ou, plus rarement, deux solaires accompagnées d'une lunaire. Ce n'est donc pas un phénomène rare, mais elles ne sont pas toujours visibles dans le ciel, en fonction de l'heure et du lieu où nous nous trouvons.

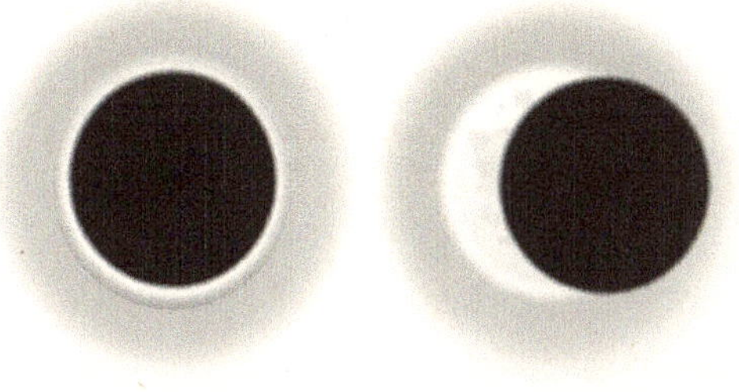

Éclipse totale Éclipse partielle

Une éclipse lunaire se produit lors de la pleine lune et doit s'effectuer de nuit pour que nous puissions la voir. Au niveau astrologique, elle est également parfois appelée *Blood Moon* (lune de sang), car sa teinte se rapproche du rouge, faisant ainsi penser à la couleur du sang. Au niveau astronomique, la Terre passe entre le Soleil et la Lune dans un alignement parfait, son ombre empêche donc la lumière du Soleil d'éclairer notre satellite comme à son habitude, ce qui dissimule ce dernier et l'entoure d'un léger halo.

Une éclipse solaire se produit au moment de la nouvelle lune, toujours dans un alignement parfait entre les astres. Cette fois, la Lune passe entre la Terre et le Soleil et nous prive de sa lumière pendant quelques minutes. Cette éclipse, visible en plein jour, n'est observée que par les pays se trouvant à ce moment-là sur un fuseau horaire adapté. La lumière du soleil étant toujours forte, c'est pour cela qu'il est important de la regarder avec des lunettes adaptées pour ne pas s'abîmer les yeux.

Une éclipse lunaire est donc une pleine lune masquée dans sa plénitude et sa puissance, elle nous coupe de sa magie, et la promesse donnée à la nouvelle lune n'est pas tenue. Vous pouvez alors ressentir un manque énergétique, un mouvement inhabituel en vous, qui ne vous protège plus et vous laisse dans une attente inconsciente étrange.

La source habituelle de votre inconscient est alors coupée, ce qui peut engendrer un sentiment de perte, d'angoisse ou encore d'insécurité. Mais cela permet également de couper le lien avec de vieilles mémoires, vous donnant alors une occasion de vous libérer des blessures du passé, d'habitudes dont vous n'avez plus besoin et de façons de penser qui ne vous servent plus.

Vous pourriez vous sentir profondément touché par une éclipse, car des liens sont coupés, des changements doivent se faire, et vous n'êtes pas toujours prêt à sauter le pas. De plus, certains signes du zodiaque sont davantage intenses et amplifient ces sentiments confus, mais cela vous offre une merveilleuse opportunité de renouveau, afin de grandir et de passer à une nouvelle étape dans votre existence.

La lune bleue

Une lune est appelée « bleue » lorsqu'il s'agit de la seconde pleine lune dans un mois civil. Environ 3 % des pleines lunes sont bleues et ne se produisent en moyenne qu'une fois tous les 2 ou 3 ans, sauf quelques années exceptionnelles. L'expression « lune bleue » a été mentionnée par Shakespeare pour décrire quelque chose de « rare ou [d']absurde », il semblerait donc que la symbolique soit ensuite restée dans l'inconscient collectif.

Ces lunes sont réputées pour être puissantes, car nous traversons deux pleines lunes dans un seul mois, ce qui renforce les énergies du mois toujours en place. Il vous est ainsi permis de traverser une nouvelle fois des émotions et intentions qui se trouvaient déjà en vous lors de la première lune qui a eu lieu au début du mois.

La super lune

La Lune tourne autour de la Terre sur une orbite légèrement elliptique, la trajectoire sur laquelle tourne la Lune est donc quelque peu aplatie. Ainsi, en fonction de sa place sur son orbite, la Lune se retrouve plus ou moins éloignée de la Terre. Lorsque la pleine lune a lieu au moment où la Lune est à son périgée – inverse de son apogée –, c'est-à-dire au plus proche de la Terre, on parle alors de « super lune ». Elle nous apparaît alors plus grosse et plus brillante dans le ciel, et ce phénomène a lieu un peu moins d'une fois par an en moyenne.

La lune ayant une influence supposée sur nos émotions et notre organisme, il est donc de coutume de penser que son énergie est d'autant plus puissante lorsque celle-ci se trouve plus proche de nous. C'est pourquoi les influences en place lors de son passage dans les signes du zodiaque seront également renforcées et plus puissantes.

Les nœuds lunaires

Les nœuds lunaires sont les points d'intersection entre l'orbite lunaire et le plan de l'écliptique terrestre. Le nœud nord et le nœud sud sont donc en permanence en opposition. Ils n'ont pas de réalité concrète physique existante comme une planète, ce sont des points fictifs. Les éclipses correspondent alors aux conjonctions des nœuds lunaires : l'éclipse lunaire est la conjonction du nœud nord au Soleil en opposition avec la Lune, et l'éclipse solaire est la conjonction du nœud sud et de la nouvelle lune.

Les symboliques et les influences de la lune sur notre personnalité

Le caractère lunaire

La lune représente depuis la nuit des temps le Féminin, le Yin du Yang et la créativité profonde. Parfois, certaines personnes sont davantage influencées par son énergie – que l'on appelle le caractère lunaire. Si vous vous retrouvez dans les lignes suivantes, c'est certainement que vous êtes très connecté à la lune !

Le caractère lunaire est intuitif et réceptif, imaginatif, artiste, mais parfois peu adaptable. En amour, une personne très influencée par la lune sera romantique et sentimentale, mais parfois d'une grande timidité ou introversion.

Rêveur et lunatique (d'où l'expression !), nostalgique ou encore mélancolique, les changements d'humeurs sont fréquents, pouvant faire ressortir un caractère parfois capricieux, indécis et imprévisible. Vous seriez alors prédisposé à alterner des phases d'exaltation et de dépression.

Lié à la fécondité et à la maternité, le caractère lunaire est également très attaché au foyer, permettant à son émotivité d'y trouver l'harmonie et l'équilibre. Auprès de vos amis, vous pouvez être bavard, mais vous restez toujours secret et réservé sur de nombreuses choses.

Lorsque ce caractère lunaire est mal intégré, il peut revêtir de nombreuses émotions négatives : hypersensibilité, passivité, naïveté, rigidité, indécision, lenteur, méfiance ou encore pessimisme.

Si vous vous reconnaissez dans ces descriptions, il sera d'autant plus intéressant d'intégrer les pages suivantes afin de comprendre vos mécanismes de fonctionnement et de prendre du recul sur les différentes émotions que vous pouvez traverser au quotidien.

Appréhender votre signe lunaire personnel

Au-delà d'influencer les marées et nos humeurs lors des différentes phases de son cycle, la lune possède également une force cosmique exceptionnelle au niveau astrologique.

La plupart des gens connaissent leur signe solaire (leur signe principal), mais le signe lunaire est tout aussi important, et pourtant peu connu, car il en dit beaucoup sur votre façon de voir le monde ainsi que sur votre sensibilité.

Lorsque vous êtes né, le Soleil était dans une position spécifique, ce qui vous a attribué un signe du zodiaque dont vous êtes certainement conscient. Mais la Lune voyageait également à travers le ciel, ajoutant ainsi une autre facette à votre personnalité cosmique.

La Lune en signes indique un type de sensibilité nécessaire à vos expériences durant toute votre vie, elle correspond davantage à la façon dont s'exprime votre âme, votre inconscient, alors que votre signe solaire concernera plutôt votre esprit et la personnalité que vous exprimez face au monde.

Afin de savoir quel est votre signe lunaire, vous devez connaître l'heure exacte de votre naissance. N'hésitez pas à demander à vos parents ou à consulter votre certificat de naissance, puis à vous rendre sur internet, il existe de nombreux sites vous permettant de découvrir votre signe lunaire. Ne vous fiez pas à la description qui n'est pas toujours juste, utilisez-les simplement pour faire le calcul.

- **Votre signe solaire représente une grande partie de votre personnalité ainsi que la façon dont vous laissez les autres vous voir.** Cependant, le signe lunaire révèle également votre monde intérieur, comment vous percevez le monde et comment vous interagissez avec les autres au quotidien. Il dévoilera aussi la façon dont vous contrôlez vos émotions (ou la façon dont celles-ci vous contrôlent) et ce dont vous avez besoin pour vous sentir en sécurité, confiante et brillante.

- **Votre signe lunaire peut également révéler votre subconscient.** Si ses caractéristiques ne résonnent pas avec vous, essayez de regarder plus profondément en vous, prenez du recul, analysez vos croyances et vos mécanismes de fonctionnement afin de faire face à certaines peurs subconscientes parfois très bien dissimulées au fil des années.

Une fois que vous connaissez votre signe, vous pouvez en apprendre davantage sur vous et travailler avec l'influence de ce dernier dans votre quotidien. Cela permet également de comprendre que celui-ci peut être amplifié lorsque la Lune se trouve dans ce même signe du zodiaque, car vous vous trouvez ensemble dans les mêmes énergies !

Les différents signes lunaires

Signe lunaire Bélier : énergique, enthousiaste et indépendant

Vous apportez le feu et la passion dans tout ce que vous faites. Vos émotions bouillonnent et fluctuent régulièrement, cela peut être dynamisant au quotidien, mais également intense. Hypersensible, réactif et parfois susceptible, vous pouvez agir tel un ouragan. Attention à ne pas blesser votre entourage dans le processus. Il sera important pour vous de canaliser cette énergie vers des loisirs et des activités saines. Votre fort caractère peut être un problème si vous laissez vos émotions et votre énergie se disperser. De nature indépendante, vous avez tendance à refuser l'aide des autres, mais vous pouvez être un très bon leader de groupe. Pour équilibrer cette influence, installez des énergies plus calmes et apaisantes dans votre environnement.

- **La meilleure lunaison pour vous** : la nouvelle lune afin d'utiliser votre dynamisme pour manifester de nouvelles intentions.
- **Le signe du zodiaque le plus complémentaire lors d'une pleine lune ou nouvelle lune** : la Balance, elle viendra équilibrer et tempérer votre comportement de feu.

- **Les signes lunaires les plus complémentaires avec le vôtre** : Lion, Sagittaire et Balance.

Signe lunaire Taureau : sensuel, solide et stable

La Lune en Taureau aime l'affection et donne son amour avec son cœur et son âme tout entière. De nature calme et stable, vous donnez le sentiment de confiance dans une relation amoureuse et amicale. Vous êtes également très intuitivement connecté à votre corps et à vos sens, il sera très important pour vous d'avoir un rythme de vie équilibré et une hygiène de vie saine. Il sera également intéressant d'être au contact de la nature et de vivre dans un foyer harmonieux et paisible. Ce signe lunaire est connu pour consommer ses émotions, surtout si vous êtes stressé, attention aux compensations, il sera alors important de vérifier la source de vos pulsions afin de ne pas vous perdre dans des réactions émotionnelles que vous ne contrôlez pas toujours.

- **La meilleure lunaison pour vous** : la pleine lune, qui vous mettra face à vos émotions et vous permettra de célébrer votre vie.

- **Le signe du zodiaque le plus complémentaire lors d'une pleine lune ou nouvelle lune** : le Scorpion, même si ce dernier secoue, il vous aidera à affronter vos peurs pour avancer.
- **Les signes lunaires les plus complémentaires avec le vôtre** : Vierge, Capricorne et Scorpion.

Signe lunaire Gémeaux : curieux, analytique, sociable et enjoué

Avec la Lune en Gémeaux, vous pouvez parfois vous sentir tiraillé par différentes émotions en même temps, passant du rire aux larmes en un instant. Vous préférez la légèreté et le jeu plutôt que le sérieux et l'ennui. Vous adorez vous cultiver et vous pouvez accumuler une culture générale assez impressionnante. Avec de l'humour, le sens du bon mot et de bonnes capacités de négociation, vous vous connectez aux autres facilement par l'intellect. Lorsque vous vous sentez débordé, n'oubliez pas de revenir au souffle et de respirer. Vous pouvez parfois vous sentir anxieux, mais c'est généralement parce que votre esprit joue plusieurs scénarios simultanément. Vous êtes une bouffée d'air frais pour les autres, mais tentez de ne pas vous oublier au passage.

- **La meilleure lunaison pour vous** : La lune croissante qui vous donnera l'énergie nécessaire pour vous stimuler et vous mettre en action de façon concrète.
- **Le signe du zodiaque le plus complémentaire lors d'une pleine lune ou nouvelle lune** : le Sagittaire qui viendra renforcer votre côté aventurier afin de vous permettre de vous lancer dans vos projets.
- **Les signes lunaires les plus complémentaires avec le vôtre** : Balance, Verseau et Sagittaire.

Signe lunaire Cancer : sociable, hypersensible et connecté à la famille

La Lune est reine dans le Cancer, vous êtes un véritable enfant de la lune. Vous êtes le signe le plus connecté à vos émotions, parfois tranquille ou timide, du moins au début mais, en apparence, très doux. Lorsque quelqu'un a gagné votre confiance, vous lui êtes complètement dévoué, quitte à y laisser des plumes. Vous préférez les petites fêtes intimes et aimez le confort de votre propre foyer que vous conserverez harmonieux au maximum. Créer votre sanctuaire est important pour vous afin de vous sentir en sécurité et soutenue, de vous connecter à vos émotions profondes et ainsi grandir de manière créative. Rappelez-vous de rester actif et social pour garder votre feu allumé, car trop de calme et de sensibilité pourrait vous faire vous renfermer sur vous-même.

- **La meilleure lunaison pour vous** : la nouvelle lune qui vous permettra de faire vos rituels de pardon et de gratitude afin de vous libérer d'émotions qui ne vous sont plus utiles et bénéfiques.
- **Le signe du zodiaque le plus complémentaire lors d'une pleine lune ou nouvelle lune** : le Capricorne qui vous offrira un ancrage et un pragmatisme vous permettant d'y voir plus clair.
- **Les signes lunaires les plus complémentaires avec le vôtre** : Scorpion, Poissons et Capricorne.

Signe lunaire Lion : rayonnant, fier et chaleureux

Avec la Lune en Lion, quel que soit votre signe solaire, vous aimez briller et vous voulez que les autres apprécient votre rayonnement. Avec de grandes aspirations, élevées, nobles et chevaleresques, vous aimez vous sentir nécessaire. Avec un orgueil et un ego parfois développés, vous avez un sens théâtral présent qui peut alors intensifier fortement vos émotions. Mais vous pouvez aussi être un leader très inspirant, attirant, ainsi les personnes de votre entourage s'engouffreront dans votre sillon pour donner le meilleur d'eux-mêmes. Avec une volonté implacable et une nature généreuse, vous donnez de votre temps pour aider et inspirer autrui, capable de les emmener loin en les inspirant. Si vous êtes plutôt de nature introvertie, c'est certainement que vous avez peur de rayonner et que vous n'avez pas encore apprivoisé votre propre pouvoir.

- **La meilleure lunaison pour vous** : la lune décroissante vous permettra de ralentir vos activités et de faire le point sur vos actions avant de repartir de plus belle.
- **Le signe du zodiaque le plus complémentaire lors d'une pleine lune ou nouvelle lune** : le Verseau vous apportera la faculté de vous connecter au monde et de vous détacher de vous-même.
- **Les signes lunaires les plus complémentaires avec le vôtre** : Bélier, Sagittaire et Verseau.

Signe lunaire Vierge : pudique, analytique et guérisseur

Plutôt réservé et maîtrisé, vous gardez en général vos émotions sous contrôle, souvent réprimées, analysées, classées et triées. Vous avez tendance à la retenue et ne voulez pas déranger avec vos états d'âme (et vous avez du mal à gérer celles des autres). Perspicace, lucide et les pieds sur terre, vous vous imposez une saine discipline et pouvez parfois manquer de légèreté. Pour assurer votre équilibre intérieur, vous avez un besoin fort de vous sentir utile aux autres et de réparer : les cœurs brisés ou les objets abîmés. En pensant que vous devez vous rendre utile, vous avez du mal à vous détendre, à lâcher prise, et vous pouvez alors vous créer des challenges et des problèmes inutiles. Vous reconnecter à la nature et prendre l'air peut être très puissant pour libérer vos émotions et ressentir une liberté supplémentaire qui vous est tout de même nécessaire.

- **La meilleure lunaison pour vous** : la lune croissante afin de mettre en place des actions concrètes dans votre quotidien et vous sentir utile autour de vous.
- **Le signe du zodiaque le plus complémentaire lors d'une pleine lune ou nouvelle lune** : les Poissons apporteront de la sensibilité et de l'empathie envers vous-même et les autres.
- **Les signes lunaires les plus complémentaires avec le vôtre** : Taureau, Capricorne et Poissons.

Signe lunaire Balance : pacifiste, idéaliste et connecté à la beauté

Avec la Lune en Balance, vous aurez tendance à faire passer les autres avant vous. Bien que votre signe porte sur l'équilibre, vous souhaitez vous assurer que les autres se sentent équilibrés avant vous-même. Vous pouvez être de bon conseil, car vous êtes intuitivement lié aux besoins et aux émotions des autres. Cependant, cela peut laisser peu ou pas de place pour l'équilibre dans votre propre vie. Vous devez vous assurer que vous êtes très clair avec vos besoins et vos désirs, sans vous laisser déborder par votre idéalisme parfois contradictoire. Apprenez à gérer votre temps, plus vous serez équilibré, plus vous pourrez être là pour servir et aider les autres, ce qui vous passionne. Gardez votre environnement paisible et beau afin que vous puissiez vous y ressourcer. Ne restez pas seul dans votre coin, car vous avez définitivement besoin des autres pour vous épanouir.

- **La meilleure lunaison pour vous** : la nouvelle lune qui vous invitera à poser vos intentions pour ainsi être au clair avec ce que vous souhaitez voir se matérialiser dans votre vie.
- **Le signe du zodiaque le plus complémentaire lors d'une pleine lune ou nouvelle lune** : le Bélier vous donnera l'énergie et l'impulsion nécessaire pour trancher et prendre les décisions nécessaires dans votre vie.
- **Les signes lunaires les plus complémentaires avec le vôtre** : Gémeaux, Verseau et Bélier.

Signe lunaire Scorpion : intrigant, mystérieux et passionné

Vous êtes très relié aux émotions et avez besoin d'une connexion intense avec la plupart des personnes que vous rencontrez. Vous pouvez parfois effrayer les gens avec cette intensité, mais aussi les intriguer afin qu'ils désirent en apprendre davantage sur vous. Vous gardez toujours les gens à distance d'une certaine façon, et le mystère est palpable avec vous. Soyez conscient néanmoins de la façon dont vos actions et vos émotions contrôlent les autres, car la vie pourra alors vous tenir en échec pour vous mettre en garde. La jalousie et la possessivité peuvent parfois prendre la relève dans vos relations, mais cette émotivité vous donne également une intuition à toute épreuve et une facilité dans tous les domaines spirituels.

- **La meilleure lunaison pour vous** : la pleine lune qui vous connecte à vos intuitions et à vos émotions profondes, même si cela ne sera pas toujours agréable dans l'instant.
- **Le signe du zodiaque le plus complémentaire lors d'une pleine lune ou nouvelle lune** : le Taureau vous apportera de la stabilité et de la force afin de traverser vos émotions de façon plus sereine.
- **Les signes lunaires les plus complémentaires avec le vôtre** : Cancer, Poissons et Taureau.

Signe lunaire Sagittaire : optimiste, indépendant et aventurier

Lorsque nous rencontrons une Lune de Sagittaire, nous avons l'impression d'être unis à un vieil ami. Vous êtes un optimiste au cœur léger et vous aimez être celui ou celle qui sait comment donner un bon discours motivant. Vous êtes parfois insouciant (en apparence) et vous voyez le meilleur dans toutes les personnes et les situations. Vous êtes doué avec les enfants, car vous avez un côté divertissant ou enfantin. Vous aimez aussi flirter, et il peut parfois vous être difficile de vous engager car votre cœur indépendant et voyageur ne supporte pas la routine. De nature très sociable, il est tout de même nécessaire que vous appreniez à ouvrir votre cœur à l'amour. Une fois la décision prise, vous saurez être fidèle, chaleureux et généreux avec votre la personne qui partagera votre vie. Vous ne supportez pas l'ennui et avez toujours besoin d'être en action, apprenez néanmoins à lâcher prise pour vous ressourcer et ainsi mieux revenir auprès de vos proches.

- **La meilleure lunaison pour vous** : la lune croissante qui amplifiera vos élans aventuriers afin de vous lancer dans de nouvelles activités ou voyages.

- **Le signe du zodiaque le plus complémentaire lors d'une pleine lune ou nouvelle lune** : les Gémeaux vous permettront d'amplifier vos réflexions et vous aideront à stimuler vos pensées dans le bon sens.
- **Les signes lunaires les plus complémentaires avec le vôtre** : Bélier, Lion et Gémeaux.

Signe lunaire Capricorne : bosseur, introverti et stable

Si vous avez une Lune en Capricorne, vous êtes discipliné et un acharné du travail. Vous êtes profondément connecté à votre famille mais, de nature parfois réservée et distante, vous affichez votre amour à travers vos actions plutôt que vos mots. Si vous sentez que vous ne pouvez pas fournir un soutien moral et financier à votre entourage, vous pouvez alors vous sentir indigne et honteux. Ne soyez pas si dur envers vous-même, vous travaillez si fort, vous méritez d'être fier de vos réalisations. Comprenez également qu'il n'y a rien de mal à demander de l'aide quelquefois ou à laisser sortir (voire exploser) vos émotions. Vous pouvez être très inspirant, mais aussi assez intimidant. Montrer votre côté doux de temps en temps pourra approfondir vos connexions avec les autres, et vous pourriez bien aimer cela.

- **La meilleure lunaison pour vous** : la nouvelle lune sera idéale pour que vous puissiez organiser et poser vos objectifs pour les prochains mois dans votre vie.
- **Le signe du zodiaque le plus complémentaire lors d'une pleine lune ou nouvelle lune** : le Cancer vous permettra d'ajouter de l'émotion à vos mécanismes et vous reconnectera avec votre sensibilité.
- **Les signes lunaires les plus complémentaires avec le vôtre** : Taureau, Vierge et Cancer.

Signe lunaire Verseau : original, indépendant et altruiste

Vous avez un besoin de liberté plus grand que tous les autres signes lunaires, afin d'expérimenter de nouvelles façons d'être et de penser. Les amis que vous choisissez aiment la façon dont vous vous impliquez de façon désintéressée, et vous faites ressortir le meilleur chez les gens. Vous avez un talent pour comprendre comment les esprits des autres fonctionnent. Vous savez également déceler leurs faiblesses, surtout celles de vos proches et savez exactement où appuyer pour les toucher. Vous aimez garder le contrôle de vos émotions et de vos pensées mais, lorsque la coupe est pleine, un flot incontrôlé peut alors se déverser sans que vous ne puissiez le maîtriser. Attention donc à ne pas toujours être dans un « trop-plein » de contrôle. Veillez également à garder votre cerveau actif et stimulé, avec des activités amusantes et stimulantes, de façon à vous voir sans cesse évoluer.

- **La meilleure lunaison pour vous** : la lune décroissante vous permettra de calmer votre activité cérébrale, de prendre du recul et de passer du temps en solitaire afin de vous ressourcer.
- **Le signe du zodiaque le plus complémentaire lors d'une pleine lune ou nouvelle lune** : le Lion vous invitera à penser davantage à vous-même et à ce que vous voulez matérialiser dans ce monde.
- **Les signes lunaires les plus complémentaires avec le vôtre** : Gémeaux, Balance et Lion.

Signe lunaire Poissons : imaginatif, intuitif et empathique

La lune est dans sa position la plus sensible. Vous ressentez beaucoup de choses et intégrez parfois les émotions des autres comme une éponge. Votre empathie est votre don le plus puissant et peut vous donner accès à une vision précise et à des intuitions psychologiques très claires. Vous ressentez l'énergie ambiante avant que la plupart des gens ne comprennent ce qu'il se passe, mais vous pouvez aussi vous sentir dépassé et paralysé par toute cette stimulation. Il est important pour vous de définir des limites saines et de purifier votre énergie régulièrement. Vous pouvez avoir du mal à déchiffrer vos propres émotions, car vous portez celles des autres. Parce que votre empathie est forte, vous devez prendre le temps et créer un espace dans lequel vous pouvez vous ressourcer en solitaire. N'ayez pas peur de vous isoler parfois, car vous vous sentirez régénéré et plus apte à faire face aux situations.

- **La meilleure lunaison pour vous** : la nouvelle lune vous invitera à vous connecter à vos rêves afin que vous puissiez les manifester et les incarner dans votre quotidien.
- **Le signe du zodiaque le plus complémentaire lors d'une pleine lune ou nouvelle lune** : la Vierge apportera de la stabilité, du concret et du réalisme dans vos rituels et vos temps d'introspection.
- **Les signes lunaires les plus complémentaires avec le vôtre** : Cancer, Scorpion et Vierge.

Les énergies du cycle féminin

Quel est le lien entre le cycle menstruel et le cycle de la lune ?

Le rythme biologique féminin, endocrinien et hormonal, est régulé de façon cyclique et découpé en quatre phases principales, tout comme celles de la lune. Dans leurs symboliques, la nouvelle lune correspond aux menstruations, à l'énergie Yin, au repos, aux nouvelles intentions et à l'inconscient. À l'opposé, la pleine lune correspond à l'ovulation, à l'énergie Yang, au dynamisme et aux fortes énergies.

Dans les anciennes tribus amérindiennes, les femmes se réunissaient dans un lieu retiré de la communauté que l'on appelait *Moon Lodge* (Loge de la Lune). Fait fascinant, elles avaient leurs menstruations toutes en même temps et au moment de la nouvelle lune, car c'est dans cette phase que leurs visions et inspirations étaient les plus puissantes.

Aujourd'hui, les femmes ont perdu cette connexion aux éléments naturels et aux planètes. Chacune traverse ses règles dans son coin, parfois en souffrance et en silence. Recontacter cette possibilité de vibrer avec la lune et ses énergies permet de traverser également le cycle personnel avec douceur et d'adapter son rythme en fonction de ce dernier.

Prendre conscience de son cycle personnel

Une femme ne possède pas la même énergie selon les quatre périodes de son cycle. Intégrer en conscience son cycle personnel permet de déculpabiliser, de comprendre ce qui se passe et d'intégrer ses fluctuations pendant les activités quotidiennes. Le corps féminin traverse une fois par mois des épisodes de nettoyage, d'énergie créatrice ou encore d'introspection auxquels il est important de s'adapter.

Vivre son cycle au rythme des énergies offre la possibilité de ne pas nager à contre-courant, de ne pas se sentir frustrée ou fatiguée inutilement. Tout comme la lune, la météo intérieure féminine impacte les émotions, les pensées et la vitalité physique.

Certains jours lors de la phase prémenstruelle seront dédiés au repos et à la créativité, tandis que ceux de la phase dynamique (après les menstruations) seront adaptés pour la mise en place de projets et la structuration du travail. La lune et les saisons n'offrent pas les mêmes énergies, et c'est tant mieux !

Peu de femmes considèrent les règles comme une force, elles sont plutôt perçues comme un passage obligatoire chaque mois et une épreuve désagréable. Or, cela permet à chacune de vivre à travers un rythme cyclique et non linéaire comme les hommes et comme le souhaite la société dans laquelle nous évoluons.

Lorsque la batterie d'un appareil est à plat, il faut la recharger. Eh bien, pour les femmes, c'est la même chose, et leur corps offre cette possibilité de le faire chaque mois. Les ours hibernent, les arbres perdent leurs feuilles en hiver, les femmes ont leurs menstruations ! Une merveilleuse opportunité pour se nettoyer et se reposer avant de pouvoir renaître les jours suivants.

Les quatre phases du cycle féminin

Personne ne vit de la même manière en été et en hiver. De même que les femmes ne peuvent vivre de la même façon pendant la phase expressive ou contemplative, ainsi que pendant la pleine lune ou nouvelle lune. Impossible de demander au corps d'être hyperactif pendant les règles et d'être dans la contemplation pendant la phase ovulatoire. Il sera donc très intéressant de constater les fluctuations émotionnelles et énergétiques au fil du mois. Non seulement cela permet de faire des liens avec la lunaison, mais également avec ce qui se passe en chacune, à travers son propre cycle !

La phase dynamique : en avant pour les projets !

Cette phase correspond à la semaine après les règles, c'est la plus active sur le plan mental de tout le cycle. C'est la plus productive et enrichissante, car elle colle parfaitement aux attentes et besoins de la société moderne et du monde du travail. C'est un moment d'accomplissement, de succès et d'avancement dans les projets. La mémoire est plus précise, il est plus aisé de se concentrer et d'avoir une vue d'ensemble sur les situations.

Sur le plan physique, le corps possède davantage d'énergie, il a besoin de moins de sommeil, et il est possible de rester active mentalement plus longtemps. L'assurance est décuplée, le caractère est plus sociable et direct, car la confiance en soi est reboostée. Un regain d'enthousiasme et de volonté permet alors de déplacer des montagnes. L'inconscient a moins d'emprise sur le mental, et cela permet de se sentir plus ancrée.

Attention néanmoins pendant cette période à ne pas se laisser emporter par l'ego, la volonté ou les désirs, sous peine de perdre les autres en route. Cette dernière sera également teintée par des questionnements si, pendant la phase contemplative et créative, les projets n'ont pas eu le temps de germer et de se développer avec un regard plus abstrait. Plus il est possible de prendre le temps de créer en amont, plus il sera facile de mettre en application dans un second temps, c'est la magie du cycle féminin.

- **Les points forts de cette phase** : faire des listes et des priorités, analyser, apprendre, lancer de nouveaux projets, avoir de la motivation et de l'assurance, être indépendante et autonome, affronter les défis, prendre des risques, défendre les autres, résoudre des problèmes et prendre des décisions.

- **Les petites difficultés de cette phase** : soutenir les autres sur le plan émotionnel, travailler en groupe, suivre le courant, travailler de façon créative et abstraite, déléguer des tâches, prendre le temps de ne rien faire et se ressourcer.

Comment se relier à la lune à ce moment-là ? Si la lune est pleine ou assez visible dans le ciel, l'énergie pourrait alors être décuplée. Attention à ne pas se laisser emporter par son énergie foudroyante. Si, à l'inverse, la lune est nouvelle ou quasi invisible dans le ciel, elle permet d'autant plus de lancer de nouveaux projets et de manifester avec vigueur et optimisme tout ce que l'on désire.

Les activités à privilégier lors de la phase dynamique

Cette phase est le moment idéal pour se remettre à l'exercice physique de façon à brûler l'excès d'énergie et à le réutiliser à bon escient. C'est également l'occasion d'atteindre ses objectifs et défis fixés auparavant. Reprendre une alimentation saine et essayer de stopper les addictions telles que la cigarette, le café ou l'alcool sera également idéal. Il est possible de dormir moins et de sortir davantage de chez soi pour se stimuler intellectuellement et physiquement.

Sur le plan émotionnel, on peut se permettre de sortir plus tard en soirée, de profiter de fêtes, de voyages ou d'événements. Il est appréciable de pouvoir rattraper le retard accumulé dans certaines tâches ou encore de démarrer de nouveaux projets en friche depuis un petit moment. Il sera important de ne pas figer sa personnalité, de faire attention à sa façon de communiquer avec les autres, d'apprendre de nouvelles techniques de développement personnel, telles que la PNL, et de se laisser porter par une énergie débordante.

En ce qui concerne le travail, c'est le moment de rattraper le retard sur certaines tâches et de reprendre des dossiers sur lesquels on pouvait avoir tendance à procrastiner. On peut s'atteler à plusieurs tâches en même temps et se lancer dans l'apprentissage d'une nouvelle technique ou d'un nouveau logiciel. C'est la période idéale pour porter un regard sur les chiffres, faire des graphiques, des statistiques, des tableaux, etc. Affirmer son point de vue, se battre pour ce qui semble juste, se lancer de nouvelles stratégies, tout en gardant en tête de ne pas être trop dure face aux autres sous peine de se prendre le revers de la médaille.

La phase expressive : sociabilité et joie de vivre

Cette phase se situe autour de l'ovulation dans le cycle et ses caractéristiques sont généralement ressenties quelques jours avant et après celui-ci. Il s'agit d'un moment important dans le cycle où l'ego puissant de la phase précédente commence à décliner progressivement. C'est l'occasion de reprendre contact avec le monde extérieur, d'être plus altruiste et de remettre de la conscience dans le comportement.

Une place plus importante est accordée aux besoins et aux sentiments de l'entourage, les femmes plus disposées à suivre le courant et à accepter que les choses se déroulent à leur rythme. Il est possible d'être davantage un soutien et un cadre plutôt que d'être le moteur dans les différentes situations. Elles savent davantage être patientes, dans l'acceptation, moins sensibles à la critique et plus ouvertes aux différents points de vue. Les capacités d'empathie et de communication se développent, et elles ont la force nécessaire pour écouter, soutenir et accompagner les personnes et les projets.

Pendant cette phase, il est important de se connecter à l'expression des sentiments d'amour, à la gratitude et à la bienveillance. Les forces émotionnelles et le comportement adéquat permettent alors d'exprimer pleinement ce que nous sommes et de le rayonner autour de nous. Il ne faudra pas être étonnée d'attirer le regard et de se surprendre à flirter davantage avec de potentiels partenaires, car la personnalité rayonne de beauté et de confiance, et cela se ressent !

- **Les points forts de cette phase** : être empathique et altruiste, créer des liens et des relations positives, communiquer et exprimer les sentiments, être flexible, apprécier la légèreté et la beauté de la vie, être patiente et douce, être empathique, guider et accompagner et être en connexion émotionnelle avec les autres.

- **Les petites difficultés de cette phase** : être conquérante et compétitive, passer du temps loin de chez soi, incarner des énergies masculines, être motivée par des objectifs matériels, analyser en détail et avoir des raisonnements purement logiques, travailler trop et passer du temps seule.
- **Comment se relier à la lune à ce moment-là ?** Si la lune est pleine ou assez visible dans le ciel, les émotions pourraient être amplifiées, ainsi que l'intuition et la capacité à être en empathie avec son entourage. Attention à ne pas s'oublier sous prétexte de vouloir sauver et aider tout le monde. Si à l'inverse la lune est nouvelle ou quasi invisible dans le ciel, cela permet d'être plus en connexion avec ses envies profondes pour œuvrer dans le monde et ainsi apporter une touche personnelle et féminine à toutes les activités dans le quotidien.

Les activités à privilégier lors de la phase expressive

C'est le moment idéal pour rendre visite à ses amis et à sa famille, pour se rendre à des événements afin de créer de nouvelles relations, pour prendre le temps de faire des choses que l'on aime et être au contact de la nature. Il sera bénéfique de se reconnecter à sa sensualité, au contact physique, en se faisant masser par exemple ou encore à travers la danse. C'est également la bonne période pour manger des choses agréables en conscience, faire des activités ludiques et apprécier les différentes activités physiques.

Sur le plan relationnel, parler à cœur ouvert avec ses proches, donner des conseils lorsque l'on est sollicitée ou encore faire du bénévolat sera opportun. Également, passer du temps en famille, améliorer ses relations et communiquer au maximum de façon bienveillante. Il sera bienvenu d'offrir des câlins autour de soi, d'exprimer son amour et de faire des choses pour soi également, afin de se récompenser d'être soi-même.

Au travail, les réunions, les groupes de travail, les *workshops*, les conférences et tout ce qui permet de travailler en équipe seront privilégiés. Il s'agira de profiter également de ses capacités de diplomatie pour faire avancer certains sujets et inviter les gens à exprimer leurs points de vue. C'est aussi le bon moment pour organiser des événements, des formations sur certains sujets ou encore des *team buildings* pour renforcer le sentiment de cohésion au sein des équipes. C'est une période pour apprécier combien son travail mérite sa valeur, pour se valoriser et se récompenser.

La phase créative : à la rencontre de soi-même

Cette phase se situe quelques jours après l'ovulation et avant la phase menstruelle. L'énergie, les capacités intellectuelles et l'endurance commencent à décliner, le corps se prépare à faire le ménage. Le monde intérieur reprend de plus en plus d'importance et on accède plus facilement aux parties inconscientes de soi-même, ce qui donne un accès à son inspiration et permet de comprendre les conflits émotionnels.

Il est possible toutefois de ressentir un besoin d'agir, de mettre en place des choses, basées sur ces intuitions, mais les femmes n'ont pas toujours la force de le faire, ce qui peut créer des frustrations ou encore de la colère. C'est souvent ce mécanisme qui est mis en lumière sous le nom du « syndrome prémenstruel ». Les émotions étant très présentes, certains passages peuvent ressembler à des montagnes russes, entre motivation créative et épuisement moral.

Les femmes auront plus de mal à être structurées car elles seront davantage connectées aux ressentis et aux pulsions profondes. Cela permet de voir les choses sous un autre angle, sous un prisme plus sensible et de comprendre les connexions subtiles entre les choses. Cette phase semble compliquée, mais elle permet d'observer ses propres réactions afin de briser certains schémas de pensée pour avancer plus facilement lors des cycles suivants.

- **Les points forts de cette phase** : utiliser sa créativité puissante et ses instincts marqués, écrire et communiquer en se connectant au cœur, reconnaître les opportunités et synchronicités, créer et exposer de nombreuses idées, comprendre les fonctionnements cachés, ranger et faire de la place, abandonner les attitudes et schémas qui ne conviennent plus.

- **Les petites difficultés de cette phase** : comprendre les choses de façon logique, résoudre les problèmes en groupe, être dans l'empathie, se lancer dans de nouveaux projets, apprendre, structurer sa pensée, reconnaître vos erreurs et pratiquer les affirmations positives.

- **Comment se relier à la lune à ce moment-là ?** Si la lune est pleine ou assez visible dans le ciel, les émotions seront amplifiées, ce qui ne sera pas toujours facile à canaliser. Attention à ne pas se laisser déborder, il faut prendre le temps de souffler et utiliser ce potentiel émotionnel pour le canaliser dans des activités créatives ou ludiques. Si, à l'inverse, la lune est nouvelle ou quasi invisible dans le ciel, cela permet d'autant plus de rentrer dans les profondeurs de son intuition, il peut être puissant de méditer ou de faire des visualisations pour entrer en connexion avec les guides et messagers.

Les activités à privilégier lors de la phase créative

Il est particulièrement important, pendant cette phase, de faire des petites siestes ou des pauses méditations, de ralentir les activités sociales et de prendre du temps pour soi. De même, il faudra limiter la caféine afin de respecter le rythme de son corps et essayer de limiter le sucre pour réduire les alternances émotionnelles. Faire de l'exercice adapté également pour évacuer les frustrations et colères potentielles, sans pour autant se fixer des objectifs trop difficiles.

Sur le plan émotionnel, il faudra sonder son inconscient et essayer d'être à l'écoute de ses messages intérieurs. Prendre des temps de silence et de solitude sera idéal pour se retrouver face à soi-même, afin de dépasser certains schémas qui ne servent plus. Écrire ce que l'on ressent, les rêves, les désirs et les interrogations sera un bon outil. Utilisez ce que vous ressentez pour grandir, faites les choses de façon légères et ludiques. Il est important de lâcher prise et comprendre que ce qui est traversé n'est pas la réalité mais des messages de l'être profond, et que cela n'est pas permanent.

Au travail, il sera bon de ralentir le rythme si possible, de déléguer et de noter les émotions qui passent par la tête plutôt que de les refouler. Il faudra rester flexible, faire les choses en fonction des possibilités, ne pas se culpabiliser et prendre des petites pauses régulières. Faire le ménage sur son espace de travail et analyser ce qui ne convient pas permettra de changer certaines choses. Il sera conseillé de solliciter l'aide des autres si besoin et de prendre du recul lorsque vous vous sentez submergée.

La phase contemplative : repos et visions créatrices

Cette phase correspond à la période des règles. Ces quelques jours de ralentissement sont une invitation à l'arrêt complet ou partiel, car le corps a besoin de repos pour se reconstituer et pour renouveler ses énergies qui seront de nouveau actives lors de la prochaine phase. La conscience se retourne vers l'intérieur, les pensées et l'intuition se renforcent.

Ces quelques jours offrent la possibilité d'abandonner les inquiétudes, les préoccupations. Le calme se fait insistant et est nécessaire. Plus nous sommes en mesure de ralentir et moins les frustrations et colères seront présentes. Cet état de méditation permanent permet alors de contempler ce qui se passe autour et à l'intérieur de soi.

Ce sera un moment idéal pour faire le point sur sa vie, observer ce qui procure de la joie et ce qui ne convient plus. Cette auto-évaluation se base sur les ressentis et émotions, et non sur ce qui est juste mentalement. C'est un temps pour se reconnecter à son moi profond, caché sous les peurs, les croyances, les jugements et toutes ces choses qui empêchent parfois de suivre sa véritable voie.

- **Les points forts de cette phase** : pardonner et passer à autre chose, se reconstruire, entreprendre des changements, ressentir le chemin à suivre grâce à l'intuition, accéder aux idées et informations subtiles, se projeter dans l'avenir, revenir à l'essentiel, se sentir connectée à l'Univers, vivre l'instant présent, avoir une imagination créatrice et la capacité de s'offrir de la douceur.

- **Les petites difficultés de cette phase** : être concentrée et dynamique, travailler en relation avec les autres, créer des contacts, accomplir de longues et lourdes tâches, voyager, faire du sport, penser de façon logique, planifier et gérer plusieurs choses de front.

- **Comment se relier à la lune à ce moment-là ?** Si la lune est pleine ou assez visible dans le ciel, les émotions seront toujours très présentes, il sera bon de prendre le temps de se reposer davantage et d'évacuer le trop-plein par l'écriture. Il convient de se reposer et de faire des choix en conscience. Si, à l'inverse, la lune est nouvelle ou quasi invisible dans le ciel, cela permet de mettre sa vie sur pause, de se retirer dans une grotte symbolique et d'expliquer à son entourage qu'il est important d'avoir du temps pour mieux pouvoir revenir vers eux.

Les activités à privilégier lors de la phase contemplative

Pendant ces quelques jours, il sera préférable d'éviter d'aller à la salle de sport par principe. Si le besoin de bouger se fait sentir, privilégiez plutôt le yoga ou la marche. Faites des siestes si possible ou incorporez des moments de calme. Il serait bénéfique d'éviter le café, de marcher en pleine nature, de passer une journée au lit, de se nourrir d'aliments simples, sains et non transformés.

Sur le plan émotionnel, il sera bon de rentrer dans sa grotte pour ne pas être trop sollicitée et pour éviter de prendre des décisions trop importantes. N'oublions pas que cette phase ne dure pas, il sera judicieux d'attendre que cela se termine pour se remettre en action. Repenser à ce qui a pu contrarier lors de la précédente phase et tenter de comprendre quels étaient les messages cachés sera également intéressant. Il faudra alors faire confiance à sa sagesse intérieure et se laisser guider par ses visions, à noter soigneusement dans un carnet.

Au travail, prenez du recul sur vos tâches en cours, faites confiance à votre intuition et acceptez de déléguer. Essayez de voir les choses sous un angle différent afin de ne pas rester coincée dans une situation. Prenez le temps de vous ressourcer le soir dans un bon bain chaud ou en regardant des séries romantiques sous la couette. Évitez de faire plusieurs choses en même temps et reportez toutes les tâches qui vous demandent un effort intellectuel à plus tard, si possible.

Le voyage de la Lune à travers les signes

Un cycle mensuel et quotidien

La Lune est en mouvement constant, elle se déplace de signe en signe tous les 2 ou 3 jours en moyenne. Chaque mois, les nouvelles ou pleines lunes se trouvent alors dans des signes différents, en perpétuel changement. La Lune transite également au quotidien dans chacun des signes du zodiaque, ce qui nous permet de l'observer et de travailler en lien avec ses énergies chaque jour. Vous pouvez alors vous amuser à regarder tous les jours sa trajectoire et ainsi appréhender plus facilement ses influences et son impact sur vos émotions.

Le voyage de la Lune dans le zodiaque

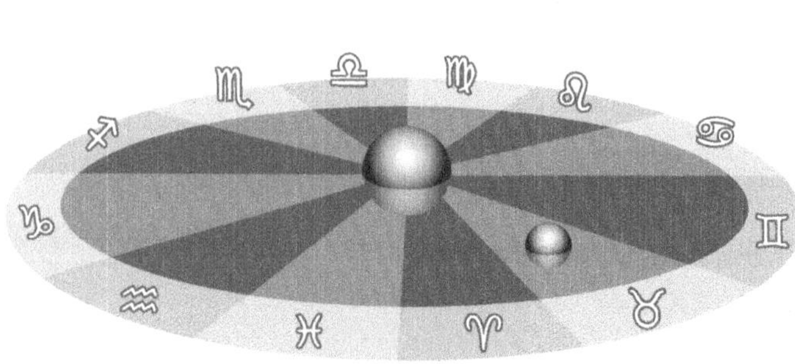

La Lune en Bélier ♈

Au quotidien, l'énergie et l'action seront orientées vers l'extérieur. Vous pourrez rechercher des confrontations directes, des défis et une stimulation durant ces quelques jours. Vous vous sentez plein de courage. Vous pouvez vous concentrer sur de nouveaux départs, objectifs et projets, car vous êtes maintenant motivé à avancer dans de nouvelles directions qui vous sont bénéfiques.

La nouvelle lune

La nouvelle lune met en lumière le dynamisme et le courage du fougueux Bélier. Sortez de votre zone de confort grâce aux énergies présentes, mettez-vous en mouvement et développez votre puissance personnelle afin de prendre votre juste place. Contactez votre enfant intérieur, allez faire la course dans un parc, chantez comme si personne ne vous entendait ou peignez avec vos mains sur une grande toile. Osez être vous-même et suivez vos envies sans aucune crainte du regard des autres.

C'est le moment idéal pour vous mettre en action, en mouvement, afin de repartir de zéro avec une belle page blanche et d'être convaincu que tout est possible. Manifestez également vos objectifs personnels concernant votre vision du couple, de votre emploi et de vous-même. Ne soyez pas sous l'emprise de l'impulsivité du Bélier et passez plutôt par de l'organisation et de la structure.

Osez dire ce que vous avez sur le cœur, libérez-vous, prenez la parole dans un groupe ou parlez à votre famille de sujets importants. Ne laissez plus les choses traîner, l'énergie est là pour briser les non-dits et vous alléger. C'est également le moment de penser à vous, de ne plus vous disperser pour plaire à votre entourage. Reprenez les projets qui vous tiennent à cœur, prenez un bon bain, regardez un bon film, passez du bon temps.

La pleine lune

Cette pleine lune met l'accent sur vos envies et votre volonté. Elle met en lumière vos schémas de fonctionnement dans votre quotidien, vos modes de pensée, afin que vous sortiez du mode autopilote. Elle permet d'appréhender et d'apprivoiser vos instincts et de traverser en conscience des sentiments que vous pourriez avoir refoulés jusqu'ici et que vous n'avez pas l'habitude de maîtriser.

Elle vous demande de trouver l'équilibre entre vos besoins profonds et ceux des autres, de comprendre ce qui provient vraiment de votre volonté et ce qui semble être une nécessité selon vous. Car il est important de ne pas vous oublier en voulant soutenir tout le monde mais, à l'inverse, il vous sera demandé de ne pas plonger dans un égocentrisme parfois inconscient, dans de la procrastination ou du déni.

Prenez du recul sur votre quotidien, sur ce que vous faites pour les autres et sur ce que vous osez demander, de façon à savoir si l'équilibre est présent. Lorsque vous mettez en place une action, demandez-vous pour quelles raisons. Analysez également vos pulsions émotionnelles, que vous ne contrôlez pas toujours, afin d'apercevoir et de comprendre les émotions qui peuvent y être dissimulées.

La Lune en Taureau ♉

Précédemment en Bélier, vous avez accueilli le changement et l'action. Lorsque la Lune se déplace dans le signe du Taureau, vous pouvez alors ralentir et rechercher une certaine sécurité dans votre vie. Cette phase est moins impatiente et compétitive, vous pouvez alors gérer votre quotidien d'une manière plus solide et plus sûre. Vous pouvez également évaluer vos projets et les planifier tranquillement pendant cette période.

La nouvelle lune

La nouvelle lune amplifie le pragmatisme, la sensualité et la persévérance du Taureau. C'est un appel pour prendre soin de vous et de votre foyer. Recentrez-vous sur vous-même : de quoi avez-vous besoin ? Votre personnalité est-elle en accord avec vos valeurs ? Vous sentez-vous bien dans votre corps ? Prenez du recul sur vos habitudes de vie afin de développer davantage de stabilité et de bien-être chez vous et en vous.

Les énergies favorisent également les finances, prenez du recul, observez votre compte en banque, faites des calculs dans le calme, sans céder aux craintes et à la peur du manque. Profitez de ce début de lunaison pour projeter la situation idéale que vous souhaitez voir se matérialiser, et accueillez l'abondance. Prenez également le temps de faire la liste des choses que vous aimez chez vous, votre corps, mais également votre esprit et vos capacités psychiques ou émotionnelles, afin que votre estime et votre confiance s'amplifient.

Enfin, cette lune vous invite à prendre soin de vous, à vous faire masser par exemple ou à manger de bonnes choses agréables et gourmandes, à profiter des rayons du soleil sur votre peau… reconnectez-vous à la sensation de plaisir. Essayez également de savoir si vous êtes assez indulgent envers vous-même et les autres. Si vous êtes parfois un peu têtu, cela pourrait être bon de prendre du recul et de faire votre *mea culpa*.

La pleine lune

Cette pleine lune vous demande de retrouver un ancrage et une stabilité malgré les émotions qui peuvent se présenter à vous. Visualisez-vous tel un roseau qui se plie pendant la tornade, mais ne se brise pas. Cette phase vous invite à observer les sensations dans votre corps, et à vous demander comment vous vous sentez.

Prenez du recul et analysez vos comportements, votre rythme de vie, votre façon de vous alimenter et de consommer au quotidien. Lorsqu'une pulsion se présente, essayez de ne pas compenser en mangeant tout ce qui passe sous vos mains ou en faisant des achats compulsifs. Notez tout ce qui vous traverse afin de pouvoir le relire quelque temps plus tard.

Réfléchissez concrètement à ce que vous souhaitez mettre en place dans votre quotidien : moins de stress au travail ? Moins de frustration en société ? Remettez les plaisirs et la joie au centre de votre existence, sans culpabiliser, dans l'harmonie et la justesse. Écoutez votre petite voix intérieure, car elle sait ce qui est bon pour vous.

La Lune en Gémeaux ♊

En Taureau, vous n'aviez pas besoin d'apprendre de nouvelles choses. Cependant, lorsque la Lune se déplace dans le signe des Gémeaux, votre curiosité s'enflamme. C'est le moment de vous ouvrir au monde, de communiquer avec les autres et de leur tendre la main. C'est une phase propice aux nouvelles amitiés, car vous êtes nettement plus sociable et actif dans votre vie quotidienne.

La nouvelle lune

Cette phase est agitée, votre mental devient curieux, et vous souhaitez croquer la vie à pleines dents. Cela peut être stimulant, mais également parfois fatigant. Canalisez ces influences grâce à la méditation, la relaxation ou encore en faisant de l'exercice physique, afin de faire redescendre l'énergie qui se trouve dans votre tête, au niveau de vos racines. Profitez de cette effervescence pour stimuler votre intellect à travers des lectures, des sorties culturelles ou diverses formations.

Prenez également du temps pour profiter du silence, en solitaire, afin de ne pas vous laisser engloutir par une marée incontrôlable de pensées. Profitez-en pour analyser votre manière de communiquer vos émotions. Observez si ces dernières sont influencées par des conventions sociales ou par certaines peurs d'être jugé ou abandonné. Il est important de pouvoir être honnête avec vous-même, mais également avec les autres.

Enfin, cette lune favorise la création de nouveaux liens. Sortez de chez vous lorsque l'on vous y invite, créez des opportunités professionnelles et agrandissez vos cercles de façon à mettre de la nouveauté dans votre quotidien. Passez également la soirée avec vos amis, confiez-leur vos doutes et vos peurs afin de vous rendre compte que vous n'êtes pas seul à vous interroger face à vos difficultés quotidiennes.

La pleine lune

Cette lune peut être assez inconstante, prenez du recul et laissez le mental se calmer un petit peu. Certaines ruminations pourraient être difficiles à dépasser, surtout si cela concerne votre sécurité et votre foyer. Vous pourriez vouloir changer vos habitudes, vous sentir lourd et parfois coincé dans une situation.

C'est le moment de sortir prendre l'air, d'aller marcher en forêt ou au bord de la mer. Aérez-vous l'esprit. Profitez-en pour vous reconnecter à la Terre, signe principal de ce signe zodiacal, afin de plonger vos racines symboliques dans l'instant présent. Revenez à ce qui est vraiment important pour vous et essayez de faire taire votre mental qui s'agite très certainement pour de mauvaises raisons.

C'est également le bon jour pour parler honnêtement et ne plus cacher vos émotions derrière des discussions qui n'ont pas de sens pour vous. Autorisez-vous à être vrai et à livrer ce qui se trouve dans votre cœur, en totale connexion avec vos valeurs et vos aspirations. Autorisez votre lumière à briller, et les autres s'en sentiront inspirés.

La Lune en Cancer ♋

Cette phase est marquée par un besoin de sécurité. Lorsque la Lune traverse le Cancer, vous vous tournez de nouveau vers l'intérieur et vous vous concentrez sur la construction ou la consolidation de votre foyer et de votre famille. Vous pouvez ressentir un fort besoin d'être rassuré et de vous retrouver dans un cocon agréable et chaleureux. C'est un moment propice pour bâtir les fondations relationnelles et financières de votre sécurité.

La nouvelle lune

Cette nouvelle lune vous invite à rentrer dans votre temple intérieur, ressourcez-vous en famille, afin de vous reconnecter à vos racines, à votre héritage, à votre source. Malgré les difficultés souvent présentes, la famille est le meilleur moyen de pouvoir être soi-même, de se confronter à nos colères, nos tristesses et notre sensibilité. Si vous préférez être seul, offrez-vous de la douceur sous un plaid, avec un chocolat chaud ou dans un bon bain avec de la musique douce.

Cette phase vous invite également à dépasser vos peurs, afin de comprendre si ces dernières sont fondées sur de véritables défis ou si elles ne reposent que sur des croyances et des perceptions erronées. Analysez vos réussites et vos échecs et rendez-vous compte que vous êtes capable de bien plus que vous ne le pensez, car vous avez déjà vécu de nombreuses expériences qui vous ont mené jusqu'ici.

Cette lune est symbole de guérison et de renouveau, passez en revue les difficultés de votre passé afin d'y puiser de la force, sans pour autant vous cacher derrière une façade. Les émotions sont également en lien avec l'eau, élément très présent chez le signe du Cancer ; profitez-en pour aller près de l'océan, à la mer, prenez un bain pour nettoyer vos vieilles énergies ou encore défoulez-vous dans une piscine.

La pleine lune

Cette pleine lune peut faire ressortir beaucoup d'insécurité et de dépendance. Certaines peurs pourraient ressurgir et des doutes pourraient s'immiscer dans vos pensées. Si vous êtes déjà de nature sensible, passez ces quelques jours avec vos proches afin de vous sentir entouré ou en solitaire en faisant des activités apaisantes qui vous ressourcent, comme lire, regarder des séries, écouter de la musique ou encore tout simplement vous reposer.

Il sera important de trouver un équilibre entre votre besoin d'être actif et votre capacité à prendre du temps pour vous. Cessez de vous juger lorsque vous ressentez le besoin de vous reposer, lorsque vous avez envie de faire certaines activités seul ou encore de traverser vos émotions en conscience. Pleurez si la tristesse se présente, allez courir si la colère se fait sentir, dessinez si vous ressentez de la frustration…

Essayez d'appréhender vos besoins de reconnaissance et votre peur de l'abandon. Cette lune pourrait vous faire croire que vous n'êtes pas assez aimé ou que l'on se désintéresse de vous. Apprenez à discerner le vrai du faux, ce que votre mental essaie de vous faire croire, à travers le filtre de vos émotions, et qui ne reflète pas toujours la réalité.

La Lune en Lion ♌

Après un besoin de sécurité dans le signe du Cancer, se présente alors à vous un désir d'expression. Les énergies se dirigent à nouveau vers l'extérieur, vous vous sentez plus à l'aise pour évoluer dans le monde, vous pouvez ressentir le besoin d'être entendu, vu et remarqué. Cette phase est également marquée par un désir accru de créer et d'afficher vos talents, c'est l'heure de vous révéler.

La nouvelle lune

Voici une lune joyeuse et charmeuse, placée sous le signe du plaisir et de la créativité. Vous serez certainement appelé à plus de légèreté, à recontacter l'enfant joueur dans votre cœur. Profitez-en pour faire la fête, faire des activités qui vous procurent du plaisir et de la joie, comme la danse, la peinture, des travaux manuels, des soirées entre amis ou encore un week-end escapade avec votre conjoint(e).

C'est le moment de vous mettre en lumière et de vous aimer. Mettez en valeur vos qualités, ce que vous aimez dans votre apparence, vos compétences au travail et tout ce qui montre à votre entourage la belle âme que vous êtes. Attention néanmoins à ne pas vous faire emporter par votre fougue d'enthousiasme et d'ego, car trop s'aimer est malheureusement mal vu dans la société contemporaine, sélectionnez les proches dont vous vous entourez.

Incarnez également la légèreté et la séduction, que vous soyez en couple ou célibataire, cette lune vous invite à contacter vos envies et vos pulsions, à charmer et à vous sentir magnifique. Prenez la vie avec détachement et joie, afin de combler cette période de belles expériences au contact de personnes qui vous font vous sentir merveilleusement bien dans votre peau.

La pleine lune

Cette pleine lune vous invite à être rayonnant et fier, mais, là encore, attention à ne pas trop vous laisser emporter par votre ego. Elle vient vous bousculer sur votre façon de prendre votre place, de rayonner et de vous montrer au reste du monde. Elle vous invite à vous demander si vous vous donnez les moyens de réaliser vos rêves car, si ce n'est pas le cas, vous pourriez bien ressentir un certain inconfort.

Elle est idéale pour faire la fête, célébrer et passer du temps avec vos amis. Toutefois, il sera important de trouver votre équilibre entre le temps que vous accordez aux autres et les moments de solitude nécessaires pour vous ressourcer. Essayez de savoir si vous vous sentez en forme ou si vous vous dispersez trop, afin de mettre de l'harmonie dans votre planning.

Cette lune pourrait éveiller en vous une forme de fierté, d'envie, de joie mais également parfois de jalousie, d'égocentrisme et d'orgueil. Essayez de prendre du recul sur vos comportements de façon à savoir si vos décisions et vos relations sont portées par la joie et l'envie ou dominées par de l'attachement et un besoin de reconnaissance.

La Lune en Vierge ♍

Après une période parfois naïve et plus ludique durant laquelle la Lune progressait à travers le Lion, cette nouvelle phase indique un désir de vous perfectionner dans votre activité. C'est une période de dévouement au travail, à la santé et à votre quotidien. Cette phase est également plus introvertie et calme, vous pourrez alors vous recentrer sur vous, vos mécanismes de pensées et vos propres besoins.

La nouvelle lune

Cette lunaison est idéale pour prendre du recul sur votre routine, votre santé, la manière dont vous pensez et agissez au quotidien. Regardez ce qui vous convient ou non, ce qui vous prend trop de temps et rééquilibrez votre planning afin d'y trouver de l'harmonie. Mangez des aliments sains, faites de l'exercice et faites le point sur votre santé en prenant rendez-vous chez le dentiste ou un naturopathe, par exemple.

Cette phase vous invite également à vous organiser afin de trier, classer, planifier… Faites de la place pour y voir plus clair et ainsi avancer plus sereinement. Vous pourriez être invité à un certain pragmatisme, en prenant de la distance plus facilement avec vos émotions, mais attention à ne pas verser dans la rigidité et le détachement à l'extrême.

La Vierge peut être dure envers elle-même et avec les autres, portez votre attention sur toutes les fois où vous jugez votre entourage et cessez de le faire. Pour contrebalancer cela, offrez votre aide aux autres, à vos amis, à une association, à vos voisins, à vos grands-parents. Votre cœur se gonflera de joie et de bienveillance, et votre journée n'en sera que plus merveilleuse.

La pleine lune

Cette pleine lune pourrait vous rendre critique et anxieux, afin que vous puissiez entrer en contact avec vos insécurités et votre capacité à juger. Ne vous laissez pas emporter par votre mental qui pourrait venir vous titiller et mettre en lumière quelques-unes de vos ombres. Apportez de la douceur à vous-même et aux autres, n'oubliez pas que nous sommes tous des enfants blessés qui agissons de notre mieux.

Vos pensées pourraient être dirigées de votre cœur vers votre tête afin de prendre de la distance sur vos émotions. Cela vous permettra de trancher et de comprendre ce qui ne vous convient plus dans votre quotidien. C'est également le bon moment de prendre soin de vous et de vous autoriser quelques dépenses pour vous faire plaisir.

Trouvez l'équilibre entre vos pensées ancrées, concrètes, et votre capacité à rêver, à lâcher prise et à vous faire plaisir. Ne soyez pas trop dur sur la gestion de votre quotidien, apprenez à vous adapter, soyez plus flexible sur vos finances et la façon dont vous organisez votre vie. Retrouvez votre âme d'enfant et ne soyez pas si sérieux !

La Lune en Balance ♎

L'attention se tourne à nouveau vers l'extérieur lorsque la Lune passe de la Vierge introvertie à la Balance plus sociable. Vous pourrez alors ressentir un besoin accru d'être avec votre entourage, de sociabiliser davantage et de faire des compromis pendant cette période. Vous pourriez également porter plus d'attention à votre apparence physique et à la beauté, ainsi qu'à la gentillesse et à l'équilibre.

La nouvelle lune

C'est le moment pour vous exprimer, dire ce que vous avez sur le cœur, être diplomate et faire avancer les choses, sans pour autant froisser votre entourage. Prenez le temps d'harmoniser vos relations, d'établir des ententes positives avec vos collègues, vos proches, faites des compromis et essayez d'apporter de la légèreté.

Mettez de la beauté dans votre vie, pour vous et votre foyer. Offrez-vous une séance chez le coiffeur, le barbier, faites du shopping, passez du temps devant le miroir à vous chouchouter. Chez vous, installez un nouveau meuble, accrochez un tableau ou réorganisez et changez votre décoration. Pourquoi ne pas remettre un coup de peinture pour rafraîchir l'atmosphère ?

Au travail, développez de nouveaux projets avec des collègues de confiance, suggérez un travail en équipe et engagez une conversation avec votre supérieur afin d'envisager une augmentation. Les négociations seront favorisées, utilisez votre diplomatie afin d'exposer votre point de vue tout en étant curieuse de celui de l'autre.

La pleine lune

Cette pleine lune vous parle de vos relations dans le but de savoir si ces dernières sont en accord avec ce qui se trouve dans votre cœur. Êtes-vous toujours heureux en couple, toujours aussi proche de vos amis, toujours à l'aise dans votre emploi ? Essayez de plonger dans les profondeurs de votre être profond afin de voir à quoi vous aspirez vraiment.

C'est le moment de vous demander si les choix que vous faites au quotidien sont en accord avec vos valeurs, si vous avez plutôt tendance à suivre le mouvement ou l'avis des autres. Il sera important de trouver l'équilibre entre ce qui vous rend joyeux et ce que vous faites pour les autres, de façon à ne pas vous oublier au passage ni à finir par en vouloir à la terre entière.

Observez comment vous communiquez vos besoins et quels sont les mots que vous employez lorsque vous ressentez de la tristesse ou de la colère. Prenez un moment pour parler ou écrire afin de vous libérer des poids qui vous pèsent. Apprenez à ne pas garder trop longtemps les choses pour vous, sous peine de remplir le vase petit à petit avant qu'il n'explose.

La Lune en Scorpion ♏

Ce passage peut être marqué par des envies d'expériences plus profondes et des liens plus puissants. Les engagements émotionnels sont mis en évidence. Alors que la Lune était en Balance, l'harmonie était essentielle pour vous. Mais dans ce nouveau transit, vous pourriez ressentir le besoin de quelque chose de plus puissant et significatif dans votre vie, au niveau personnel et spirituel.

La nouvelle lune

La nouvelle lune en Scorpion vous invite à accepter vos parts d'ombre et à accueillir vos émotions. Il n'est plus question de refouler vos défauts, intégrez vos multiples personnalités et plongez au cœur de vos pulsions et envies profondes. Plus vous serez capable d'intégrer ce que vous jugez comme étant mauvais et plus vous serez en mesure de faire émerger la beauté en vous et autour de vous.

Ce sera le moment pour les femmes de se reconnecter également à leur féminité sacrée. Mettez-vous en valeur, détachez-vous des jugements extérieurs et des étiquettes que pourrait imposer la société. Soyez une femme libre et indépendante, n'ayez plus peur de montrer votre puissance et votre affirmation. Plus vous vous sentirez en confiance et plus vous attirerez vers vous des expériences incroyables et intenses.

Gardez néanmoins des moments de répit et de calme afin de vous ressourcer face à ces énergies puissantes et transformatrices. Prenez le temps de faire des siestes, de méditer et de prendre du recul lorsque vous vous sentez emporté par vos émotions. Accueillez-les sans les rejeter, observez-les afin de les dépasser, mais en conscience et avec bienveillance.

La pleine lune

Cette pleine lune est particulièrement intense en émotions, elle viendra mettre en lumière les pensées cachées de votre inconscient, vos pulsions inavouées et vos zones d'ombre. Prenez le temps de tourner votre langue dans votre bouche avant de parler, ne prenez pas de décision importante et tentez de ne pas prendre les choses à cœur. Sachez que vos émotions sont à vif et que vous pourriez le regretter une fois la tornade passée.

Trouvez l'équilibre entre cette intensité profonde et le refoulement qui ne vous permettraient pas d'exprimer vos émotions de façon honnête ou apaisée. Comprenez que ce n'est pas le meilleur moment pour entamer de longues discussions et explications avec vos proches. Passez plutôt du temps en solitaire et sortez de votre bulle lorsque vous vous sentirez plus apaisé.

Cette phase vous invite au pardon afin de dépasser vos colères, vos rancœurs, vos jalousies, vos envies et tous les vices auxquels vous pourriez être confronté. Essayez de comprendre lorsqu'une situation vous heurte, ce que cela vient réveiller en vous. Si vous êtes capable de l'intégrer faites-le et, sinon, notez vos ressentis de façon à y revenir plus tard, pour ainsi porter un regard neuf sur vos comportements.

La Lune en Sagittaire ♐

La liberté est au centre des préoccupations lorsque la Lune se trouve en Sagittaire, une liberté physique, d'expression, mais aussi mentale et spirituelle. Vos besoins émotionnels, pendant cette phase, concernent l'expansion et la croissance. Vous pourriez bien ne pas supporter d'être limité par des frontières ou des restrictions. L'accent sera mis sur l'indépendance, les nouvelles expériences et la croissance intellectuelle.

La nouvelle lune

Un vent d'aventure et de curiosité souffle sur votre quotidien. Partez en voyage ou planifiez-en-un. Changez d'air, découvrez de nouveaux paysages, de nouvelles cultures et une nouvelle façon de voir la vie. Plongez-vous également dans de nouveaux domaines à travers les livres, les expositions ou encore des formations. Repoussez les limites de vos connaissances avec le regard d'un enfant prêt à apprendre.

Cette phase vous invite au mouvement et au changement, essayez de savoir si vous bougez assez, si vous n'avez pas envie de changer de lieu de vie ou encore d'emploi. Explorez toutes les possibilités, ne vous mettez pas de barrière et ne trouvez plus d'excuse à explorer ce qui vous attire. Vos plus grandes peurs cachent également des opportunités !

Mettez également plus de légèreté dans votre vie, osez faire des choses que vous n'auriez jamais faites, riez de vous-même et de votre comportement et prenez du recul sur les situations que vous ne contrôlez pas.

Vivez chaque jour dans la gratitude et la curiosité de voir ce que la vie peut vous apporter lorsque vous lui faites de la place.

La pleine lune

Cette pleine lune met en lumière votre capacité à vous laisser porter par le flot de la vie, à faire face aux imprévus et à porter un regard différent sur vos expériences. Vous pourriez ressentir une sensation d'enfermement si votre routine ne vous convient plus et le besoin de retrouver votre indépendance et votre liberté. Cela peut être le bon moment pour briser vos chaînes et oser vivre votre vérité.

Contactez vos véritables envies et aspirations profondes, ne vous cachez plus derrière des conventions, car la vie se chargera toujours de vous rappeler à l'ordre si vous ne suivez pas le bon chemin. Rappelez-vous vos rêves d'enfant, essayez de comprendre quels sont les mécanismes et les peurs qui pourraient vous avoir éloigné de vos envies.

Prenez du recul face aux obstacles du quotidien et rappelez-vous que la vie est un jeu. Ne prenez pas les choses trop au sérieux et passez votre chemin lorsque quelque chose semble coincé. Ne prenez pas trop de hauteur non plus, sous peine de heurter ou de laisser votre entourage en questionnement face à vos comportements.

La Lune en Capricorne ♑

Dans le signe du Capricorne, la Lune déplace votre attention vers l'approbation des autres et la matérialisation de votre valeur. Le sens de l'organisation, le discernement et la mise en place d'étapes dans votre vie pourraient être des sujets mis en lumière. L'accent est mis sur l'ordre et le contrôle dans votre quotidien. Cette phase pourrait entraîner un besoin plus fort de reconnaissance et de réussite sociale.

La nouvelle lune

Le solide Capricorne vous invite à vous organiser et à planifier sur le long terme afin de construire le foyer qui vous convient et d'installer vos fondations. C'est le moment opportun pour poser vos intentions et définir clairement ce que vous souhaitez, sans pour autant vous laisser envahir par un tourbillon de choses, apprenez à être patient avec vous-même, mais également avec les autres.

Organisez-vous un maximum dans vos projets et votre quotidien afin de gagner du temps dans les mois à venir et ainsi profiter davantage de votre temps libre. Faites des plans solides, mais ne soyez pas réfractaire lorsque cela ne va pas dans votre sens. Sachez rebondir et prendre en compte les imprévus, en surfant sur les vagues, sans blâmer la terre entière.

Apaisez les énergies parfois cassantes et rigides de cette lune par de la douceur et en ayant de l'empathie pour votre entourage, comprenez que tout le monde n'a pas la même façon de fonctionner. Il vous sera également demandé d'intégrer les choses avec sagesse sans vouloir vous précipiter dans toutes les énergies, sous peine de vous perdre et d'agacer les autres autour de vous.

La pleine lune

Cette pleine lune pourrait venir vous provoquer dans votre capacité à contrôler les choses et à diriger votre vie. Elle pourrait venir vous chatouiller si vous ressentez que votre quotidien n'est pas équilibré, que vous perdez le fil de votre histoire et que vos émotions embrouillent la clarté de vos pensées. Ne luttez pas contre ce que vous ressentez et n'attendez pas que le couvercle saute, sous peine d'une explosion non contrôlée.

Il sera également important de trouver l'équilibre entre vos ambitions professionnelles et votre vie relationnelle. Êtes-vous à l'aise avec le temps que vous accordez à votre emploi et celui que vous prenez pour vous-même ? Comprenez que vous n'êtes pas une machine, vous avez tout autant le droit d'« être » que de « faire », sans que l'un prenne le dessus sur l'autre et, surtout, sans culpabiliser.

C'est également le moment de faire le point sur vos expériences afin d'en retirer une certaine sagesse qui vous aidera à grandir. Repensez à vos échecs, vos blessures et tout ce qui vous a semblé difficile. Prenez enfin conscience que si vous êtes arrivé jusqu'ici et si vous êtes la merveilleuse personne que vous êtes, c'est en partie grâce à tout cela. Plus vous serez en mesure de le comprendre et plus vous deviendrez sage.

La Lune en Verseau ♒

La Lune vous invite à redevenir davantage sociable et modéré dans vos actions et vos jugements. Vous pourriez développer une conscience plus forte et le désir d'appartenir à un groupe qui vous correspond, même s'il peut également s'agir d'exprimer votre propre individualité et d'enfreindre certaines règles. C'est une phase idéale pour développer votre réseau et créer du lien autour de vous.

La nouvelle lune

Faites le point sur la gestion de votre temps, cultivez la bienveillance et connectez-vous aux autres, vous attirerez à vous de nouvelles preuves d'amour qui vous permettront d'être dans la gratitude et ainsi de manifester de merveilleuses choses dans votre vie. Offrez vos services autour de vous et investissez votre énergie pour des choses qui, pour vous, ont du sens.

Être à l'aise dans vos projets est important, mais ne négligez pas votre entourage. Recontactez vos amis, passez une soirée auprès d'eux, même après une longue période d'absence, et lâchez votre tête afin de vous reconnecter au cœur. Assumez votre personnalité, soyez vrai et entier, acceptez que vous êtes unique et invitez vos amis à, eux aussi, rayonner leur propre lumière.

Visualisez de nouvelles façons de gérer et de gagner votre vie, d'éduquer vos enfants, de prendre soin de vous et de vous maintenir en bonne santé. Utilisez vos capacités créatives et avant-gardistes pour sortir des sentiers battus et ainsi créer la vie dont vous rêvez. Rappelez-vous que le Verseau est un signe où rien n'est impossible, décidez enfin de faire entrer la magie dans votre existence.

La pleine lune

Cette pleine lune vous invite au changement en contactant cette part idéaliste en vous. Utilisez votre force mentale et projetez-vous de façon intuitive, connectée au reste du monde. Demandez-vous quelle est votre place et ce que vous aimeriez vraiment vivre dans votre vie si tout était possible et si aucune obligation ou peur n'était présente.

Intégrez le mouvement de la vie, comprenez que tout est impermanent, que la joie laisse place à la nostalgie, puis se transforme en bonheur à nouveau avant de disparaître. N'essayez pas de retenir une expérience, intégrez-la puis ouvrez votre cœur à la prochaine afin que le flot de l'existence vous traverse sans jamais le retenir ou le bloquer.

Essayez de vous reconnecter à votre cœur, ne pensez pas à ce qui est bon ou mauvais, juste ou injuste, obligatoire ou non. Reconnectez-vous simplement à vos sensations corporelles et à vos émotions afin d'être à l'écoute de votre boussole intérieure, pour ne pas prendre de décisions basées uniquement sur votre mental.

La Lune en Poissons ♓

Pour le dernier signe du zodiaque, la Lune développe votre sensibilité et un certain besoin émotionnel afin de vous connecter avec votre monde intérieur. Cette période est davantage tournée vers l'introversion et l'accent est mis sur vos rêves et vos désirs, votre créativité personnelle et votre sensibilité. Ce n'est pas le moment d'essayer de penser concrètement et de prendre des décisions, car votre inconscient peut vous jouer des tours.

La nouvelle lune

Cette nouvelle lune est la plus rêveuse, elle vous invite à recontacter vos rêves et à voir la magie partout autour de vous. Laissez-vous flotter, intégrez toutes les émotions qui se présentent à vous, lâchez prise et laissez-vous porter au quotidien par votre intuition. Malgré tout, ne vous laissez pas noyer dans un verre d'eau si la période est sensible, prenez le temps de vous ressourcer en solitaire et en douceur.

Les rêves sont ainsi mis à l'honneur, passez du temps à l'écoute de vos songes, notez dans un carnet vos rêves la nuit et essayez d'interpréter les messages que vous fait passer votre inconscient. Si vous ne comprenez pas ce qui se présente à vous, méditez et faites des visualisations afin d'obtenir davantage de réponses.

C'est également la période idéale pour écouter et tester votre intuition. Écoutez ce que votre corps vous dit, lorsqu'il se contracte ou pétille. Essayez de jauger les personnes autour de vous afin de voir quelles sont les impressions que vous captez. Plus vous serez à l'écoute de votre petite voix et plus vous serez en mesure de donner la meilleure direction possible à votre vie.

La pleine lune

Cette pleine lune est guérisseuse, elle pourrait faire revenir des souvenirs et des mémoires de vos profondeurs, de façon à les guérir et à les traverser. Intégrez l'éventuelle hypersensibilité qui pourrait se présenter et accueillez-la comme un cadeau. Observez ce que vous redoutez le plus, vos peurs, vos doutes et tout ce qui vous bloque afin de les dépasser et ainsi avancer le cœur plus léger.

Pendant cette période, ouvrez-vous à ce que la vie peut vous offrir, accueillez à bras ouverts toutes les expériences, observez les synchronicités et les messages que vous croisez, sur les panneaux dans la rue, à travers les mots d'une amie ou les rencontres sur votre chemin.

L'univers a parfois de drôles de façons de communiquer avec nous, il suffit d'être ouvert et curieux !

Elle vous offre également la possibilité de vous connecter à votre part guérisseuse, à vos dons empathiques et sensibles, ainsi que la faculté que nous possédons tous de nous connecter à des plans plus subtils… Profitez-en pour méditer et faire des visualisations afin de sonder les profondeurs de votre inconscient.

Mettre en place des rituels adaptés

La puissance des rituels

Les pouvoirs de la nouvelle lune

La nouvelle lune est synonyme de renouveau. Elle possède un pouvoir particulier qui porte les intentions et les manifestations personnelles. Elle est fortement liée à la Loi de l'attraction (voir page 116), qui nous permet de créer dans notre vie ce que nous portons dans notre cœur. C'est également une phase idéale pour faire place nette dans votre vie symboliquement et physiquement afin d'y attirer de nouveaux éléments propices à votre bonheur.

Créer sa liste de manifestations

La nouvelle lune possède une puissance intense quant à la matérialisation des nouveaux projets et des intentions à venir. Prenez une feuille et notez les choses que vous aimeriez voir se manifester dans votre vie. Non par manque, besoin matériel ou par peur, mais plutôt en contactant la joie et l'amour dans votre cœur. Imaginez que tout est à votre portée, et qu'il ne tient qu'à vous de les réaliser. Si vous souhaitez plus d'abondance, écrivez que vous la recevez dans la gratitude et non par manque ou par peur.

Écrivez au présent afin d'ancrer la matérialisation de vos pensées dans la réalité, par exemple : « Je gagne assez d'argent pour m'offrir un voyage » ou encore « Je trouve un travail qui me rend heureux ». Une fois terminée, pliez la feuille et mettez-la dans une enveloppe. Conservez-la au chaud, sur votre autel ou dans un endroit à l'abri des regards. Vous pourrez la compléter et l'ajuster au fil des mois ou bien en recréer de nouvelles si vous le souhaitez.

Le pouvoir de l'intention

Le pouvoir de l'intention met l'accent sur le fait que nous créons notre propre réalité, en fonction de nos croyances, de nos perceptions, de nos jugements… qui deviennent alors des filtres de notre vie. Une personne persuadée qu'elle peut devenir riche et réussir sera certainement riche et réussira. Quelqu'un qui économise toute sa vie dans la peur de se retrouver à la rue n'aura certainement pas les mêmes chances d'évoluer. Et pourtant, ces deux personnes pourraient vouloir les mêmes choses et évoluer dans le même cadre de vie. Ce qui les différencie, ce sont leurs intentions.

Il est donc primordial de comprendre quels sont vos croyances et vos filtres, afin de prendre du recul, d'éliminer ceux qui ne vous sont pas favorables et d'amplifier ceux qui le sont. La nouvelle lune vous permettra de vous connecter à ce que vous souhaitez profondément voir se réaliser dans votre vie, et si vous accompagnez cette volonté d'une conviction puissante, alors de nombreuses portes s'ouvriront d'une telle façon que vous pourriez être émerveillé.

Comprendre la Loi de l'attraction

La Loi de l'attraction repose sur le principe que nous attirons à soi ce que nous émettons. Il peut s'agir de pensées, d'émotions, de schémas et de mécanismes de fonctionnement. Si vous êtes une personne colérique et rancunière, vous risquez d'attirer à vous des situations qui vous donnent l'opportunité de vous mettre dans cet état d'être. Si, à l'inverse, vous êtes une personne bienveillante et aimante, optimiste face à la beauté des autres, vous attirerez à vous des situations merveilleuses dans lesquelles les personnes en face de vous vous surprennent et démontrent des caractéristiques en accord avec vos croyances.

Reconnaître le pouvoir de l'attraction, c'est être invité à prendre soin de ses pensées, à toujours être conscient de ce que l'on attend d'une situation. Si vous êtes optimiste, si vous acceptez que la vie vous envoie ce dont vous avez besoin pour évoluer et que chaque expérience a une raison d'être, vous serez alors guidé vers votre chemin. Si, à l'inverse, vous subissez ce que vous vivez et que vous n'arrivez pas à comprendre la signification de ce que vous traversez, alors vous mettrez beaucoup plus de temps pour cheminer et évoluer.

Faire place nette pour le renouveau

La nouvelle lune est symbole de nouveau chapitre, de renouveau et de recommencement. Il est important, lors de ce passage, de faire de la place pour faire entrer de nouvelles opportunités dans votre vie. Si vous restez dans un couple malheureux, vous ne pourrez pas rencontrer quelqu'un qui vous convient. De même, si vous souhaitez changer de travail, mais que vous n'êtes pas prêt à quitter momentanément votre sécurité, vous ne tomberez jamais sur ce qui est bon pour vous. Si vous conservez de vieux objets liés à votre passé, vous ne pourrez pas vous détacher des énergies et émotions qui y sont liées.

Prenez le temps de dresser la liste symbolique de toutes les choses que vous souhaitez abandonner, oublier et mettre au placard. Puis, relisez la liste à haute voix et répétez « Merci et au revoir » afin de clore ces chapitres de votre vie. Profitez-en également pour faire le tour de votre logement, jeter et trier ce dont vous n'avez plus besoin afin de faire plus de place et ainsi laisser la magie opérer à nouveau dans votre vie.

Les pouvoirs de la pleine lune

La pleine lune est un point culminant énergétique au milieu du cycle lunaire, elle possède de grandes facultés de nettoyage et de rééquilibrage. Afin de profiter de ce portail puissant, vous pouvez cultiver la gratitude et pardonner de façon à avancer le cœur léger. C'est également une phase où les émotions sont démultipliées, ce qui vous donne l'occasion de les observer pour en tirer des enseignements. Plus vous accepterez de traverser ce qui se passe en vous et plus vous serez capable d'utiliser la pleine lune comme outil et non comme fardeau au fil des mois.

Le pouvoir du pardon

En vue de réaliser nos rêves manifestés lors de la nouvelle lune, il est crucial d'abandonner les rancœurs et les colères que nous portons en nous contre les autres. Afin de s'inscrire dans la Loi de l'attraction et d'installer l'Amour dans votre cœur, afin d'attirer de belles choses dans votre vie, il est important d'apprendre à pardonner. Ce n'est pas toujours simple et, parfois, certains processus prennent du temps mais, lorsque vous accepterez que vos douleurs sont vos forces et qu'elles vous ont mené jusqu'ici, vous serez en mesure de puiser en vous le courage et la motivation nécessaires pour accomplir tout ce que vous souhaitez.

L'importance de la gratitude

La gratitude est l'opposée de la rancœur, elle permet d'entretenir des vibrations positives et élevées dans votre cœur. Plus vous élèverez votre taux vibratoire et plus vous serez en mesure d'être joyeux, heureux, en forme et d'attirer à vous le meilleur. Prenez l'habitude de manifester la gratitude dans votre vie et particulièrement lors de la pleine lune, à travers des rituels, à votre réveil ou lorsque vous vous couchez.

La gratitude est un état d'esprit, il ne sert à rien de faire une liste de choses positives et concrètes avec votre tête, vous devez vous connecter à la joie, à ce qui vous rend heureux. Cela peut être des petites choses du quotidien, des expériences, des relations… Plus vous serez en mesure de remercier ce qui vous arrive au quotidien et plus l'univers se chargera de rendre votre vie d'autant plus magique.

Traverser ses émotions

La pleine lune est une invitation à traverser ce que vous ressentez, elle agit comme une mise en lumière de votre inconscient de façon à ce que vous soyez capable de voir ce qui se cache en vous depuis quelques semaines. Il ne s'agit donc plus de faire l'autruche, mais bien de se confronter à soi-même. Vos émotions sont des messages de votre âme qu'il est nécessaire d'écouter afin qu'elles ne reviennent pas vous bousculer à chaque lunaison.

Vous ressentez de la tristesse ? Peut-être avez-vous besoin d'intégrer un chagrin ou une blessure afin de la dépasser. Vous ressentez de la colère ? Peut-être ne vous êtes-vous pas assez respecté ou écouté. Vous ressentez de la frustration ? C'est peut-être le moment de comprendre ce qui ne vous convient plus et d'enclencher des changements. Chaque sensation ou ressenti est une opportunité de grandir et de monter une marche sur le grand escalier tortueux de la vie.

Faire le ménage dans son cœur

La pleine lune étant profondément liée aux émotions, il serait impossible de ne pas parler de relations amoureuses et affectives. Ce moment est l'occasion parfaite pour vous reconnecter au passé et mettre les choses à plat une bonne fois pour toutes afin de les dépasser. Si une relation vous bloque, notez le prénom de cette personne en haut d'une feuille, puis créez deux colonnes. Dans celle de gauche, listez toutes les souffrances et les blocages que cela a créés en vous, ne vous retenez pas. Une fois cela terminé, notez dans la colonne de droite tout ce que cela vous a apporté car, avec du recul, cela vous a très certainement permis de gagner en maturité, en force ou bien vous vous êtes rendu compte de ce qui ne vous convenait pas, par exemple. Prenez ensuite le papier, pliez-le et déposez-le sur votre cœur quelques instants, puis dites à haute voix « Merci ». Vous pouvez ensuite déchirer le papier, le brûler, l'enterrer ou bien simplement le jeter en conscience.

Mes petits rituels de pleine lune

Créer votre espace de rituels

La lune est depuis toujours liée à notre inconscient, et dans de nombreuses traditions anciennes, elle est célébrée et connectée à des symboliques et des rituels puissants. Malgré notre monde moderne et un quotidien parfois déconnecté de la nature et du cosmos, il peut être incroyablement ressourçant de prendre du temps pour vous, de vous reconnecter à vos émotions, à vos besoins et à ce que vous ressentez vraiment lorsque le silence se fait. Les petits rituels proposés dans les pages suivantes sont des opportunités de créer des rendez-vous en tête-à-tête avec vous-même et de laisser entrer la joie et la magie dans votre vie.

Quand créer un espace sacré ?

Créez un espace sacré lorsque vous préparez un rituel lunaire ou lorsque vous en ressentez le besoin. Vous vous sentirez plus ancré à la terre, dans l'instant présent, vos pensées s'apaiseront et vous vous sentirez davantage connecté à vos émotions, centre de l'attention lors des transits de la Lune. Cela élèvera également votre taux vibratoire, votre niveau d'énergie et amplifiera votre capacité à vous relier à votre intuition.

Voici quelques exemples d'instants privilégiés pour vous reconnecter à vous-même et vous ressourcer dans ce lieu, qui peut être fixe, chez vous, ou mobile et impermanent à n'importe quel endroit :

- Lors de votre routine matinale ou le soir avant le coucher.
- Lorsque vous faites face à une importante décision.
- Lorsque vous avez besoin de vous recentrer et d'ouvrir davantage votre cœur.
- Lorsque vous ne vous sentez pas ancré, car trop dans le mental.
- Lorsque vous souhaitez amplifier une méditation.
- Lorsque vous voulez vous purifier et vous débarrasser d'anciennes énergies négatives.

- Lorsque vous souhaitez envoyer de l'amour guérisseur à une personne en particulier.

- Lorsque vous faites un tirage de cartes de tarot.

Comprendre comment fonctionne le rituel de fumigation

La fumigation est une technique ancienne de purification employée depuis des millénaires dans les cultures amérindiennes, mayas ou encore celtes. La fumée utilisée provient de plantes sacrées visant à nettoyer l'énergie d'une personne, d'un objet, d'une pierre ou d'un lieu, afin de créer un espace avec un taux vibratoire élevé. C'est une « cérémonie » très simple consistant à brûler des plantes et des ingrédients pour créer une fumée sacrée que vous pouvez utiliser à tout moment lorsque vous en ressentez le besoin.

Pour cela, vous pouvez utiliser :

- **Des bâtons** ou des **cônes d'encens** ;

- **Des paquets d'herbes aromatiques** telles que de la sauge, du foin d'odeur, du romarin, de la lavande, du cèdre, etc. ;

- **Du bois sacré** comme le Palo santo ;

- **Des résines** telles que l'ambre ou la myrrhe.

Pour réaliser le rituel de fumigation lors de vos rituels de nouvelle ou pleine lune, allumez votre encens ou vos plantes sacrées et attendez que la fumée augmente suffisamment, ventilez un petit peu si nécessaire. Laissez se diffuser la fumée, dirigez-la avec une plume (comme les chamans) ou avec vos mains pour qu'elle couvre les zones souhaitées. Vous pouvez nettoyer une pièce en passant dans chacun de ses angles, mais également vous-même ou un proche, vos cristaux ou des objets spécifiques.

Reposez le bâton de sauge ou l'encens sur un support, de préférence une coquille remplie d'un peu de sable ou un récipient en terre. Attention à toujours aérer la pièce et à ne pas réaliser ce procédé auprès de très jeunes enfants ou de personnes avec des pathologies respiratoires.

Une fois votre rituel de nettoyage terminé, rangez précieusement vos ingrédients. Lorsque l'on habite en ville et que l'on prend les transports, il peut être bénéfique de pratiquer ce petit nettoyage régulièrement pour ne pas conserver d'énergies néfastes ou polluantes sur soi.

Comment créer un espace sacré ?

Posséder un petit autel magique et personnel peut s'avérer très agréable pour concentrer des objets que vous aimez particulièrement et que vous pouvez observer ou utiliser lorsque vous en ressentez la nécessité. Vous pourrez pratiquer vos petits rituels de pleine lune à ses côtés et ainsi donner une symbolique sacrée à cet instant durant lequel vous vous retrouvez en solitaire pour vous centrer sur vos besoins.

Voici ce que vous pouvez rassembler sur votre autel lunaire :

- **Un tissu** pour protéger la surface des bougies. Choisissez la couleur en fonction de sa symbolique et de votre décoration intérieure.
- **Des bougies**, à la cire végétale si possible, meilleures pour la santé.
- **Vos cristaux et pierres**, de toutes les tailles et formes.
- **De l'encens**, de la sauge, du Palo santo… En fonction de vos préférences.
- **Des photos ou dessins** qui vous touchent par leur symbolique.
- **Des éléments de la nature** que vous avez trouvés sur votre chemin comme des feuilles, des fleurs, du bois, etc.
- **Des plumes naturelles** que vous avez récupérées ou achetées (attention à la provenance).

- **Des sculptures ou totems symboliques**, comme des animaux ou des divinités.
- **Des cartes de tarot** ou un oracle que vous aimez.
- **Des bijoux avec des pierres**, que vous pouvez recharger à cet endroit pour les porter ensuite.
- **De la géométrie sacrée** comme une fleur de vie, symbole énergétique puissant.
- **Des huiles essentielles** ou élixirs floraux.
- **Des instruments** comme des cloches ou un bol tibétain.
- **Des phrases** ou citations inspirantes.
- Et tout ce qui vous fait du bien !

Les rituels pour apaiser ses émotions

La pleine lune est un passage puissant qui viendra parfois vous bousculer. Vous pourriez ressentir certaines émotions que vous ne comprenez pas, avoir des pulsions incontrôlées, agir de manière irrationnelle… Pas toujours simple de se laisser porter par les énergies lunaires sans y laisser des plumes. Afin de vous accompagner dans cette phase quelque peu tumultueuse, certaines techniques et rituels peuvent s'avérer être de bons alliés.

Les techniques de visualisation

Lorsque vous vous sentez malmené par vos émotions, prenez quelques minutes pour ralentir dans vos activités. Placez-vous près de votre espace sacré ou créez-le si nécessaire. Asseyez-vous sur un coussin ou une chaise et prenez trois grandes respirations. Fermez les yeux et imaginez-vous dans un lieu chaleureux, ressourçant, où vous vous sentez bien. Visualisez que le soleil vous réchauffe la peau, allongez-vous et observez les nuages dans le ciel. Lorsqu'un nuage fait son apparition, imaginez que vous soufflez dessus afin de le laisser s'échapper. Projetez autour de vous le bruit d'une fontaine, le chant des oiseaux ou encore le son du vent dans les arbres. Si votre mental est trop agité, vous pouvez faire cet exercice avec un fond musical doux et relaxant. Vous verrez qu'une fois les yeux ouverts, la nervosité se sera grandement apaisée.

La méditation et ses bienfaits

Afin de prendre de la distance face à vos pensées agitées sous le contrôle de vos émotions, la méditation est un outil précieux. Placez-vous près de votre espace sacré. Asseyez-vous sur un coussin ou une chaise, le dos bien droit, et prenez trois grandes respirations. Vous pouvez conserver les yeux ouverts ou bien les fermer, choisissez ce qui vous convient le mieux. Puis, il ne s'agit que de revenir à votre respiration. Lorsqu'une pensée apparaît, remarquez-la, puis revenez à l'instant présent grâce à votre souffle. Ne soyez pas frustré par vos pensées, chacun de nous est rarement capable de ne pas réfléchir plus d'une minute. Vous verrez que la méditation nécessite de l'entraînement, il est bon de pratiquer tous les jours. Quelques minutes suffisent pour que vous vous sentiez mieux et non plus à la merci du petit vélo dans votre tête.

La méditation lunaire

Si vous n'avez pas accès directement aux rayons lunaires, vous pouvez toutefois en bénéficier de chez vous. Asseyez-vous tranquillement sur un coussin, près de votre espace sacré. Allumez une bougie, de l'encens, purifiez l'espace autour de vous si vous le souhaitez. Prenez trois grandes inspirations et fermez les yeux.

Puis, visualisez que votre bassin s'ancre dans le sol, que des racines y prennent naissance afin de plonger profondément dans la terre.

Visualisez un faisceau lumineux qui connecte votre bassin à votre cœur. Attardez-vous quelques secondes à cet endroit afin de vous relier à vos sensations.

Faites ensuite prolonger ce faisceau jusqu'à votre troisième œil, entre vos yeux, siège de votre intuition.

Enfin, connectez ce rayon de lumière au-dessus de votre tête, jusqu'à la Lune que vous imaginez très haut dans le ciel. Sentez cette connexion entre les astres et la Terre, entre votre capacité à vous élever et à vous ancrer. Restez quelques instants comme cela, accueillez les images qui se présentent à vous. Puis terminez votre méditation et clôturez votre espace sacré.

Les huiles essentielles calmantes

Merveilles de la nature, tout comme la Lune, les plantes sont des alliées puissantes pour traverser les portails énergétiques lunaires. Grâce à leurs propriétés multiples, elles sont capables de vous aider à traverser vos émotions et à apaiser certaines colères ou tristesses. Placez-vous près de votre espace sacré. Asseyez-vous confortablement et choisissez une huile essentielle afin de la sentir quelques minutes.

Voici quelques huiles qui peuvent vous accompagner pendant la pleine lune :

· **La lavande** pour vous réconforter ;

· **Le petit grain bigarade** pour vous calmer ;

· **Le palmarosa** pour guérir vos blessures ;

· **La marjolaine à coquilles** pour contacter votre créativité ;

· **La mandarine** pour retrouver votre âme d'enfant ;

· **La vanille** pour apporter de la douceur féminine.

Voici quelques huiles qui peuvent vous accompagner pendant la nouvelle lune :

· **Le clou de girofle** pour manifester vos intentions ;

· **La ciste** pour vous reconnecter avec votre instinct ;

· **Le laurier noble** pour exprimer vos besoins ;

· **La menthe poivrée** pour avoir les idées claires ;

· **L'ylang-ylang** pour faire rayonner votre féminité.

Respirez directement au-dessus du flacon pendant une minute puis prenez un temps de pause. Renouvelez 2 ou

3 fois l'opération, en fonction de vos envies et besoins. Si vous ressentez un inconfort, peut-être que ce n'est pas le bon moment pour vous. Prudence en cas de grossesse, pensez à consulter les précautions avant usage.

Les rituels pour avancer sereinement

Lors des différentes lunaisons, les énergies fluctuent, changent et nous perturbent parfois quelque peu. Il n'est pas toujours simple de traverser ces phases, de passer d'un état d'ouverture à celui de fermeture, d'accueillir toutes vos émotions ou encore de comprendre ce qui se passe en vous. Quelques rituels et moments d'introspection suffisent à vous accompagner, lorsque vous prenez le temps de vous reconnecter à vos sensations, de libérer votre esprit et de mettre plus de joie dans votre vie.

Les petites listes

Faire des listes peut s'avérer merveilleux pour mettre de l'ordre dans sa tête et dans son cœur. Prenez un temps pour vous installer confortablement au calme lors de votre rituel, près de votre espace sacré ou non. Prenez le temps de fermer les yeux, de respirer, d'allumer une bougie pour créer une atmosphère propice à la reconnexion à vous-même. Certaines listes sont plus adaptées à la nouvelle lune et d'autres à la pleine lune. Vous trouverez ci-dessous des suggestions concernant ces dernières, mais autorisez-vous à les réaliser quand le cœur vous en dit, lorsque c'est le bon moment pour vous.

Les listes pour la pleine lune

- **La liste de pardon :** notez sur un papier toutes les personnes à qui vous ressentez le besoin de pardonner, incluez-vous et écrivez en face de chacune d'elles « je te pardonne pour… ». Parfois cela sera trop difficile, pas de souci, laissez-vous le temps d'y revenir plus tard, pendant plusieurs mois voire plusieurs années si c'est nécessaire. Le pardon doit être fait avec le cœur et non la tête, vous ne pourrez pas vous mentir.

- **La liste de gratitude :** notez sur votre feuille toutes les choses pour lesquelles vous êtes reconnaissant, que cela soit matériel ou non, il peut s'agir de vos relations, de vos expériences, ou de toutes les autres choses qui embellissent votre vie. La lune aura le pouvoir d'amplifier ces vibrations de gratitude et ainsi de multiplier le bonheur dans votre vie.

- **La lettre d'amour personnelle :** prenez votre feuille et écrivez-vous une lettre d'amour, dites-vous tout ce que vous aimez chez vous, ce que vous réussissez, ce que vous êtes capable de faire… Vous trouverez peut-être l'exercice difficile au début, mais il y a beaucoup de choses merveilleuses chez vous, mettez simplement votre ego et vos croyances de côté. C'est un formidable exercice pour reprendre confiance en soi et amplifier sa reconnaissance.

Les listes pour la nouvelle lune

- **La lettre à l'univers :** prenez une feuille et rédigez tout ce que vous souhaitez voir apparaître dans votre vie dans les prochaines semaines ou mois à venir. Cet exercice met en action le principe de la Loi de l'attraction, écrivez au présent, par exemple « Je reçois l'abondance nécessaire pour financer mon projet ». Pensez de façon réaliste afin que tous vos souhaits résonnent juste en vous, visualisez toutes vos envies avec le cœur, motivées par la joie et l'amour, et non par la peur et le manque. Et faites attention à tout ce que vous souhaitez, car vous pourriez bien l'obtenir !

- **Votre *bucket list* :** afin d'amplifier les vibrations positives et dynamiques de cette nouvelle phase, faites la liste de toutes les choses que vous souhaitez faire avant de mourir. Tous les voyages, les loisirs, les explorations et activités qui vous inspirent, pour que votre cœur soit guidé lors des prochains mois par cette joie. Il peut être très intéressant de reprendre votre liste à chaque nouvelle lune afin de la modifier, de la nourrir et de l'enrichir.

- **Vos inspirations :** prenez votre feuille et notez toutes les personnes qui vous inspirent, vivantes ou décédées, connues ou non, dans vos cercles d'amis ou encore dans votre famille. Une fois cela fait, notez en face de chacun d'eux pourquoi ils vous inspirent. Prenez le temps de poser des mots sur ce que vous ressentez face à leurs réalisations et leurs personnalités. Puis, enfin, notez en face de chacun ce que vous pouvez mettre en place concrètement dans votre quotidien afin de vous rapprocher de leur parcours. Cela vous permettra de vous mettre en route vers vos réels désirs et rêves, motivés par des personnes qui ont réussi. Ils l'ont fait, pourquoi pas vous ?

Une fois que vous avez fait une liste, si vous habitez près de la nature ou si vous possédez un jardin, vous pouvez la brûler s'il s'agit de choses que vous voulez voir disparaître. En ce qui concerne les listes positives, d'intentions ou de manifestations, elles peuvent être conservées précieusement sur votre autel, par exemple, ou dans un lieu secret chez vous, bien au chaud.

Contacter sa créativité

La lune possède un lien très puissant avec notre inconscient, notre âme et sa façon de s'exprimer à travers la créativité. Lors des différentes lunaisons, prenez le temps de vous reconnecter avec cette part de vous, reliée à votre enfant intérieur, à vos émotions et aux messages dissimulés de votre cœur. Cela peut s'exprimer de différentes façons en fonction de vos préférences et besoins : à travers la danse libre, le chant de certains mantras ou notes, la peinture et le dessin, l'écriture, le collage…

Tous ces outils peuvent vous accompagner les soirs de pleine lune et vous aider à vous libérer de certaines émotions ou poids dont vous n'avez plus besoin. Ces outils peuvent également être des amplificateurs de vos manifestations et de vos intentions lors de la nouvelle lune. Par exemple, vous pouvez créer un tableau de vision ou un *moodboard* en collant sur une grande toile des images découpées, en y ajoutant des mots, des couleurs avec de la peinture, des dessins… Vous pourrez être surpris de ce que votre cœur est capable d'exprimer !

Le pouvoir des mantras

Un mantra est une phrase sacrée qui provient du verbe sanskrit « *man* » signifiant « penser » et de « *trâna* » qui veut dire « protection ». Ils sont souvent associés à des figures particulières de la mythologie hindouiste et bouddhiste dont les qualités peuvent être cultivées par la répétition du mantra s'y rapportant. Le mantra est basé sur le pouvoir du son, ce dernier étant chargé d'une énergie, d'une vibration, sa résonance peut alors transformer son environnement et donc vous-même en le récitant, tant sur le plan mental, spirituel et même physique. Leur pratique peut s'avérer puissante et libératrice lors de la pleine lune, lorsque vos émotions emportent vos pensées dans une course folle.

Ils sont en général chantés ou récités 3, 21, 27, 54 ou 108 fois, mentalement ou à haute voix, seul ou en groupe. Ils vous préserveront de l'agitation permanente de votre mental, car votre attention sera alors focalisée sur ceux-ci et une paix s'installera doucement en vous.

Voici quelques exemples de mantras que vous pouvez utiliser lorsque vous en ressentez le besoin :

- ***Om***

  Il correspond à la première création de l'univers, le mantra racine dont tous les autres mantras proviennent. Les textes anciens disent que dans l'univers tout est *Om*, et que cette syllabe sacrée révèle notre âme suprême.

- ***So Ham***

  « Je suis Cela. »

  Ce mantra, en deux temps, s'inscrit dans la respiration. *So* se prononce dans l'inspiration et *Ham* dans l'expiration. Vous pouvez le psalmodier toute la journée lorsque vous avez besoin de vous recentrer sur vous.

- ***Om Shanti Shanti Shanti***

  Shanti signifiant Paix.

  Ce mantra vous permettra de placer la paix dans votre mental et votre cœur. Il vous permet également de vous relier à l'univers et d'envoyer de la guérison aux personnes que vous souhaitez.

- ***Ong Namo, Guru Dev Namo***

  « J'en appelle à l'énergie première et créatrice,
  J'en appelle à la sagesse subtile et divine. »

  Ce mantra célèbre permet de se sentir connectée à l'univers et de rééquilibrer les énergies dans tout le système.

Les rituels pour se rebooster

Les lunaisons remuent beaucoup énergétiquement et peuvent parfois s'avérer fatigantes tant sur le plan mental que physique. Vous pourrez parfois vous sentir épuisé, vidé de votre énergie ou encore lent dans la plupart de vos actions. De plus, si la lune agit sur votre sommeil, vous pourriez être davantage éreinté. Quelques astuces peuvent vous permettre de vous rebooster afin de traverser votre quotidien sans trop d'encombres.

S'enraciner grâce au yoga

Le yoga est une discipline du corps et de l'esprit qui comprend une grande variété d'exercices et de techniques. Ces dernières utilisent des postures physiques, des pratiques respiratoires et de méditation, ainsi que de la relaxation profonde. Pratiquer le yoga pendant une nouvelle lune ou une pleine lune vous permettra de remettre en circulation l'énergie dans votre corps et de ramener la présence dans votre corps, plutôt que dans votre mental.

La plupart des postures au sol sont merveilleuses pour l'ancrage et l'enracinement. Assis, le bassin au sol, les jambes allongées ou repliées, vous pouvez complètement vous abandonner à la force de gravité. Vous pouvez également pratiquer des postures accroupies, allongées sur le ventre ou le dos de façon à amplifier l'intention. Enfin, toutes les postures d'équilibre sur une jambe seront également bénéfiques afin de centrer le mental dans l'instant présent et ainsi traverser plus facilement cette période lunaire.

La magie des cristaux

S'il y a bien une technique de bien-être alternatif en lien avec la Lune, ce sont les pierres ! Utilisées depuis des millénaires par les civilisations anciennes pour se protéger des mauvais esprits, pour accompagner les défunts, pour purifier, pour célébrer une naissance... les cristaux possèdent de nombreuses vertus apaisantes et redynamisantes qui vous permettront de vous sentir mieux pendant ces périodes lunaires.

Voici quelques pierres qui sauront vous redonner de la force lorsque vous en aurez besoin :

- **La cornaline**, pierre féminine par excellence, donne du courage et apaise les maux liés au cycle féminin ;

- **La pierre de lune**, elle adoucit vos émotions et vous connecte directement avec la lune pour mieux traverser ce que vous ressentez ;
- **La tourmaline**, elle vous protège des énergies négatives et vous permet de vous recentrer sur votre corps pour être moins dans votre tête ;
- **L'aventurine**, elle vous donne l'impulsion nécessaire pour mener à bien vos projets, tout en guérissant les blessures de votre passé :
- **Le jaspe rouge**, il vous donne force et courage pour impulser l'élan en vous permettant de réaliser tous vos rêves et vos aspirations.

Vous pouvez les porter en bijoux, dans votre sac à main ou votre poche, passer du temps à leur contact le soir, dormir avec en les glissant sous votre oreiller ou encore méditer auprès d'elles. N'oubliez pas de les nettoyer régulièrement dans de l'eau, avec de la sauge ou encore de l'encens. Vous pouvez recharger certaines pierres avec les rayons lunaires, sans les oublier toute la nuit dehors s'il fait froid pour ne pas les abîmer.

L'olfactologie pour se dynamiser

Les huiles essentielles possèdent des vertus incroyables pour soigner notre corps, nos émotions et notre âme. En aromathérapie, elles sont de plus en plus utilisées pour pallier aux petits bobos sans l'utilisation systématique de médicaments de synthèse. Mais les huiles essentielles sont également très puissantes pour vous accompagner pendant les portails lunaires, car elles agissent sur la sphère psycho-émotionnelle et permettent d'apaiser le système nerveux tout en lui donnant la possibilité de se rééquilibrer pour se sentir en forme.

Vous pouvez respirer ou diffuser les huiles essentielles suivantes :

- **L'épinette** pour regagner en énergie et éviter la stagnation ;
- **Le basilic tropical** pour favoriser la prise de décision ;
- **La cannelle** pour réchauffer le cœur et tout l'organisme ;
- **La muscade** pour dépasser les conflits et regagner en assurance ;
- **La menthe poivrée** (directement au-dessus du flacon) pour surmonter la tristesse ;

· **Le santal** pour se sentir en sécurité et accompagné ;

· **L'orange douce** pour être positive.

N'hésitez pas à accompagner vos rituels et méditations de ces petites merveilles, et à les respirer plusieurs fois par jour si nécessaire quelques jours avant et après la pleine lune, si vous en ressentez le besoin.

Les rituels pour capter les énergies de la lune

Les rayons lunaires ont un pouvoir énergétique presque « magique » sur les plantes, les minéraux et il semblerait… sur nous ! Alors, pourquoi ne pas envisager un bain de lune pour en faire profiter vos pierres, vous-même et ce, même si vous n'avez pas d'accès immédiat à la pleine nature ? Plus vous passerez de temps au contact de dame lune et plus vous serez en mesure de ressentir les effets qu'elle peut avoir sur vos émotions, vos pensées et vos sensations corporelles. Expérimentez avec votre âme d'enfant, vous serez surpris.

Recharger vos cristaux

Afin de prendre soin de vos pierres, nettoyez-les dans un premier temps à la sauge ou au Palo santo, à l'encens ou à l'eau pour celles qui le supportent (renseignez-vous dans des ouvrages spécialisés ou en ligne). Puis, vous pouvez en placer certaines sous les rayons de la lune, à l'extérieur, afin que celles-ci puissent capter directement ses énergies et ainsi se régénérer. Pour ne pas les abîmer, ne les laissez pas toute la nuit dans le froid. Vous pouvez également les placer près d'une fenêtre, si vous ne vivez pas en pleine nature.

Vous promener dans les bois

Profitez du clair de lune pour aller l'observer au milieu de la nature. Promenez-vous en forêt, dans un parc, au bord de la plage ou encore en montagne afin de saisir toute la beauté de cette nuit magique. Profitez-en pour l'observer longuement et silencieusement, et pour vous connecter à ce qu'il se passe en vous, aux émotions que vous traversez et à ce que cela vous inspire. Plus vous apprendrez à croiser son regard bienveillant et plus vous vous sentirez en confiance et en paix dans votre travail d'analyse lunaire.

Les rituels pour se débarrasser du superflu

La pleine lune est le moment idéal pour abandonner vos fardeaux et avancer le cœur plus léger. La nouvelle lune est également un moment privilégié, car elle débute un nouveau chapitre de votre vie. Vous pouvez donc choisir de faire ces rituels au moment qui vous convient le mieux, afin de vous débarrasser physiquement, physiologiquement et concrètement de ce dont vous n'avez plus besoin.

Le gommage magique

Afin de vous libérer physiquement de ce dont vous n'avez plus besoin, confectionnez un gommage naturel à base de 4 cuillères à soupe de miel et 2 de sucre que vous appliquerez sur tout votre corps. Laissez reposer un instant, allongé dans la baignoire, en conscience du processus qui s'opère. Le gommage de la peau permettra d'éliminer les substances et énergies « engrammées » dans votre peau ces dernières semaines. Rincez-vous à l'eau chaude, puis terminez par un jet d'eau froide sur les jambes afin de mieux faire circuler le sang et la lymphe dans votre corps. Hydratez ensuite votre peau et terminez ainsi votre petit rituel dans une atmosphère douce et enveloppante.

La détox de votre corps

Afin de nettoyer votre corps des déchets et acides accumulés lors des précédentes semaines, à cause d'une alimentation parfois trop riche, trop grasse ou trop sucrée, vous pouvez profiter de la pleine lune pour détoxifier votre organisme. Commencez par supprimer l'alcool, les graisses saturées, les plats transformés, les sucres raffinés ou encore les excitants tels que le café, le thé noir et les boissons gazeuses. Si vous êtes déjà habitué à équilibrer votre alimentation, vous pouvez également en profiter pour faire des monodiètes qui consistent en la consommation d'un seul aliment sans graisse ni ajout, pendant un ou plusieurs repas, afin de mettre votre système digestif partiellement au repos. Vous verrez que vous vous sentirez plus léger et en forme !

Le grand ménage

La pleine lune est le moment idéal pour vous débarrasser des vieux souvenirs, de la paperasse qui vous encombre et des objets que vous entassez mais dont vous n'avez plus besoin. La nouvelle lune est également un moment parfait pour faire place nette lors d'un nouveau cycle. Vous pouvez donc choisir une de ces deux périodes pour faire le tri, vider vos placards, jeter les objets qui ne vous rappellent pas de bons souvenirs ou ne vous apportent pas de joie. Profitez-en pour donner vos vêtements aux œuvres de charité et organisez éventuellement un vide dressing ou une brocante pour revendre ce qui pourrait intéresser d'autres personnes. Vous verrez la quantité de choses que l'on garde simplement par réflexe !

Les rituels pour éveiller son féminin sacré

La lune est un astre purement féminin, elle symbolise les profondeurs de l'âme et l'énergie de la femme artiste. Lors des différentes lunaisons, elle offre donc également aux femmes l'occasion de se reconnecter à la femme sensuelle, sauvage ou séductrice en elles. Mesdames, profitez des nuits autour de la pleine lune pour canaliser vos émotions et les transformer en puissance active. Vous pouvez également passer la nuit de la nouvelle lune dans les bras de votre compagnon ou d'un nouveau Jules afin d'entamer symboliquement un nouveau cycle. Ainsi, il sera intéressant d'explorer ces moments à deux tout comme vous le faites habituellement seule lors de vos petits rituels.

Les cercles de femmes

Nous avons évoqué le concept de *Moon Lodge*, issu de la tradition amérindienne depuis des millénaires (voir page 64). Cet endroit permettait aux femmes de la communauté de s'éloigner du village et de se retrouver entre elles pendant leurs « lunes », leurs menstruations, qui se situaient généralement au moment de la pleine lune. Les femmes étaient toutes réglées en même temps grâce à leur lien très fort dans la tribu. C'était alors aux hommes de prendre en charge leurs tâches afin qu'elles puissent se reposer, se réunir entre sœurs et mères et œuvrer ainsi pour la communauté grâce à leurs visions créatrices. Cela permettait aux femmes de revenir reposées et prêtes à agir de nouveau pour elles-mêmes et les autres.

Aujourd'hui, ces traditions ont été transmises et reprises par les femmes occidentales, et il est désormais possible de se retrouver dans ces « cercles de femmes » partout en France, afin de se retirer le temps d'une soirée ou d'une journée loin de son quotidien moderne et souvent stressant. Différents thèmes y sont abordés en fonction des besoins et des énergies en place. Les femmes parlent à tour de rôle, en livrant ce qu'elles ont sur le cœur grâce au bâton de parole, sans qu'aucun jugement ou réflexion d'une autre ne vienne perturber le partage.

Ces instants de communion permettent de créer un espace hors du temps et offrent un effet miroir à travers les mots déposés dans le cercle : les femmes s'écoutent mutuellement dans leurs rôles, leurs difficultés, leurs obstacles et perceptions afin de repartir le cœur plus léger et en harmonie. N'hésitez pas à regarder près de chez vous si certains cercles existent et, si ce n'est pas le cas, proposez à vos connaissances d'en animer un.

Les secrets pour éveiller sa libido

Afin de stimuler votre libido, vous pouvez consommer certains aliments en particulier. Le chocolat noir, par exemple, déclenche la sécrétion de dopamine et d'endorphines. Le clou de girofle, infusé en tisane, augmente l'afflux sanguin et le tonus en assurant une meilleure irrigation des organes sexuels. Le gingembre, lui, exerce une action stimulante et revitalisante, il stimulerait ainsi l'appétit sexuel. Ses effets peuvent être renforcés lorsqu'il est associé au ginseng, composé de plusieurs principes actifs toniques tels que les ginsénosides et des alcaloïdes qui stimuleraient les systèmes nerveux, physique et intellectuel. Enfin, la maca, symbole de fertilité et de vigueur sexuelle au Pérou, stimule également la libido et rééquilibre le système hormonal.

Vous pouvez également respirer des huiles essentielles afin d'éveiller votre sensualité telles que l'ylang-ylang, la sauge sclarée, la vanille ou encore la cannelle. Vous pouvez aussi utiliser la douceur de l'ylang-ylang et de la vanille en massage, dilués dans des huiles végétales, sur tout le corps ou certaines zones en profitant de leurs parfums enivrants. Préférez la diffusion pour les deux autres huiles, notamment la cannelle qui réchauffera votre intérieur et installera une atmosphère propice aux échanges intimes. Tout cela un soir de pleine lune, feux d'artifice garantis !

La danse pour se reconnecter au corps

Danser est une manière merveilleuse de se reconnecter à son corps et à sa sensualité féminine. Nous n'osons pas danser, la plupart du temps par peur du regard de l'autre, par conventions sociales ou manque d'habitude. Se libérer par le mouvement est une réelle joie et permet d'extérioriser ce qui se retrouve souvent coincé à l'intérieur. Essayez de diffuser de la musique qui vous inspire les soirs de nouvelle ou pleine lune, d'enfiler une tenue dans laquelle vous vous sentez magnifique et laissez votre corps vous guider. Profitez de cet instant où personne ne vous voit pour vous lâcher, faire de grands mouvements de bras, de jambes, pour exprimer tout ce que vous avez besoin de communiquer. Vous verrez le sentiment de plénitude et de libération que cela procure.

Les rituels pour se reconnecter à la nature

Impossible de parler de lune sans parler de connexion à la nature. La terre nous porte lorsque la lune nous éclaire et nous invite à traverser notre inconscient. Se connecter aux quatre éléments et à la nature, à l'extérieur, est un moyen très puissant d'accompagner vos rituels et les portails énergétiques présents à ces moments-là. Profitez d'un week-end à la campagne ou d'une promenade dans une forêt isolée pour vous ressourcer et pratiquer ces puissants rituels afin de vous accompagner vers de nouvelles étapes de votre vie.

Le feu pour lâcher prise

Préparez un petit feu de camp dans un endroit en sécurité et où vous vous sentez bien. Vous pouvez le construire accompagné si nécessaire et demandez ensuite à la personne de vous laisser tranquille pour faire votre rituel. Prenez avec vous de quoi noter, des petits papiers, et tenez-vous dans un premier temps face au feu, regardez-le et connectez-vous à sa puissance purificatrice. Puis fermez les yeux, sentez sa chaleur s'imprégner dans tout votre corps. Prenez 3 grandes inspirations et installez le calme dans tout votre corps.

Pensez à toutes les situations sur lesquelles vous voulez lâcher prise, les colères que vous voulez abandonner ou encore les rancœurs que vous souhaitez oublier, que cela soit dans le domaine personnel ou bien professionnel. Visualisez des scènes et accueillez les émotions qu'elles suscitent en vous. Puis, ouvrez les yeux et écrivez sur les papiers toutes les choses que vous souhaitez abandonner, faites-en autant que nécessaire. Levez-vous ensuite et répétez la phrase « Je me libère » tout en jetant les petits papiers un à un dans le feu. Intégrez les sensations en vous, les images, les émotions que cela suscite.

Prenez le temps nécessaire pour rester silencieux face à ce feu qui emporte avec lui tous vos obstacles dont vous avez consciemment voulu vous libérer et appréciez ce sentiment de plénitude. Profitez de ce feu durant la fin de cette soirée, seul ou accompagné de votre partenaire ou d'amis, afin de célébrer intérieurement ce nouvel espace qui s'offre à vous.

L'eau pour guérir

L'eau possède de merveilleuses propriétés de purification et de guérison. Telle une magicienne, elle touche vos émotions pour faire disparaître la tristesse et amplifier la joie. Pour pratiquer les rituels de l'eau, deux options s'offrent à vous en fonction de vos possibilités, de vos préférences et du lieu où vous vous trouvez. Si vous avez près de vous une cascade ou une rivière, vous pouvez faire le premier rituel, sinon faites le second.

Rejoignez un point d'eau où vous pouvez être tranquille, à l'abri des regards. Pratiquez le rituel en maillot de bain mais, si vous le souhaitez et que personne n'a la possibilité de vous voir, vous pouvez également vous mettre nu sous une cascade. Pour la rivière, vous pouvez vous immerger les pieds, les jambes ou bien vous asseoir dans l'eau afin de vous baigner intégralement. Une fois en contact avec l'eau, remerciez-la pour son pouvoir guérisseur et reconnectez-vous avec tout ce qui a pu vous rendre triste ces dernières semaines. Si certaines larmes doivent sortir, ne les bloquez pas. Visualisez les scènes malgré leur difficulté. Puis, venez visiter cette même scène avec votre Moi d'aujourd'hui et prenez votre Moi d'autrefois dans vos bras. Dites-lui ce que vous avez sur le cœur et répétez à haute voix « Tu es guéri, tu peux te laisser porter ». Prenez le temps d'intégrer vos émotions, d'accueillir le calme et de rester, autant que nécessaire, au contact de l'eau. Une fois le rituel terminé, rejoignez la terre ferme et réchauffez-vous dans une grande serviette éponge en écoutant les bruits de la nature.

Si vous n'avez pas de rivière ou de cascade à proximité, profitez de la rosée du matin, très bénéfique pour recharger et à la fois redonner les énergies dont vous n'avez plus besoin à la terre. Rendez-vous dans un parc, une forêt ou dans votre jardin et ôtez vos chaussures. Marchez pieds nus, ressentez l'humidité et la fraicheur qui vous enveloppent, fermez les yeux quelques secondes et restez immobile, en connexion avec les éléments. Faites la même visualisation que précédemment et prenez tout le temps nécessaire pour intégrer les émotions en vous. Vous pouvez également vous asseoir ou vous allonger si vous le souhaitez. Puis, terminez votre rituel et conservez cet état de paix en vous.

La Terre pour s'ancrer

L'ancrage permet de faire descendre l'énergie parfois trop condensée au niveau du mental, afin de revenir à l'instant présent, à vos sensations corporelles, et d'être en mesure de mener des actions concrètes dans votre vie. Cela vous permet également de vous sentir en sécurité et de dépasser vos peurs et doutes plus facilement. Se reconnecter à la Terre vous permettra de profiter de ses énergies telluriques guérisseuses et bienfaitrices.

Afin de vous relier à la Terre, rendez-vous dans la nature, dans un endroit où vous ne serez pas dérangé, dans une forêt par exemple. Mettez-vous pieds nus et marchez en conscience, en ressentant le sol qui vous porte et la gravité de votre corps. Marchez sur la pointe des pieds, sur les talons, sur la tranche interne puis la tranche externe des pieds. Approchez-vous d'un arbre, prenez-le dans vos bras et écoutez ce qu'il a à vous dire. Fermez les yeux, et laissez venir des images ou des mots à votre esprit.

Puis, asseyez-vous sur le sol et plongez vos mains dans la terre, plantez vos ongles et visualisez que vous libérez dans le sol tout ce dont vous n'avez plus besoin. Restez quelques instants comme cela et ressentez les mouvements présents sous vos mains et votre bassin. Laissez-vous emporter par les chants de la nature et remercier la Terre-Mère pour tous les cadeaux de la vie que vous recevez à chaque instant. Terminez votre rituel et percevez les changements énergétiques en vous.

L'air pour se libérer

Préparez un sachet de pétales naturels de fleurs et habillez-vous avec une tenue confortable et fluide. Rendez-vous dans un lieu où vous pouvez ressentir le vent : au bord de la mer, en haut d'une colline, sur une falaise… Asseyez-vous dans un endroit tranquille et fermez les yeux. Reliez-vous à l'esprit du vent, ressentez ses mouvements dans vos cheveux, le ballottement de vos vêtements, le chant des arbres ou du sable autour de vous. Prenez de grandes respirations et connectez-vous profondément à vos sensations corporelles. Faites le vide dans votre esprit et, lorsqu'une pensée apparaît, soufflez dessus et laissez-la s'envoler.

Puis, prenez votre sachet de pétales dans vos mains et visualisez maintenant toutes les choses qui vous pèsent et qui vous empêchent d'avancer : les relations néfastes, les expériences douloureuses, vos petites manies, les colères et les frustrations, les choses sur lesquelles vous n'avez pas le contrôle… Restez un instant à faire la liste mentale de tout cela puis, lorsque vous êtes prêt, ouvrez les yeux.

Prenez un premier pétale et dites « Je me libère de… » en complétant la phrase, puis lâchez-le afin qu'il puisse être emporté par le vent. Abandonnez autant de pétales que vous le souhaitez, en mettant de la conscience dans chacun de vos gestes. Une fois que vous avez terminé, refermez les yeux et observez les sensations qui vous traversent. Prenez le temps de les intégrer, puis remercier l'esprit du vent et clôturez votre rituel.

Conclusion

Maintenant que vous avez pris le temps de faire plus ample connaissance avec dame Lune, vous serez capable d'observer sa course dans le ciel, de comprendre les différentes énergies qui vous traversent en fonction de ses cycles et de faire des petits rituels afin de vous retrouver et de mieux comprendre ce qui se joue en vous. L'importance n'est pas la théorie, mais bien ce que vous percevez au plus profond de votre être.

L'impermanence est vraiment le caractère principal de ce satellite mystique et majestueux, n'hésitez pas à vous découvrir et à vous redécouvrir, en prenant du recul sur votre vie et en observant le ciel au fil des jours. Comprenez que chaque jour est une opportunité pour grandir, comprendre vos mécanismes, observer vos pensées et traverser vos émotions.

N'oubliez pas que nous avons le pouvoir de transformer notre vie. La lune est un simple repère afin de vous relier à votre véritable essence, de vous mettre en mouvement aux rythmes de la nature et, ainsi, inviter la magie dans votre quotidien.

Imprimé en France par EPAC Technologies
N° d'impression : 4550414332919
Dépôt légal : juin 2018